Nützlinge & Schädlinge

in unserem Garten

Mit Schädlingskalender

Nützlinge & Schädlinge

in unserem Garten

Einführung

Die wichtigsten Nützlinge

Nützlinge ansiedeln

Käufliche Nützlinge

Nicht spezialisierte Schädlinge

Schädlinge im Jahreslauf

Einführung

Pflanzenschutz ist nicht einfach nur Schädlingsbekämpfung. Der Schutz der Pflanze steht doch im Vordergrund. Was kann man tun, damit es ihr gut geht, damit sie gar nicht erst geschädigt oder befallen wird? Wie kann man helfen, sie widerstandsfähig und gesund zu erhalten. Und: Woher weiß man, ob es einer Pflanze gut geht oder nicht?

Die Antwort auf diese Fragen bekommt man durch die Beachtung von biologischen und kulturtechnischen Faktoren. Man braucht dazu:

- Kenntnisse über die Ansprüche, die eine Kulturpflanze stellt,
- Kenntnisse über natürliche Einflüsse, z. B. zur Verbesserung der Widerstandsfähigkeit oder der Standortfaktoren,
- Kenntnisse über die regionale Eignung einer Kulturart oder deren -sorten,
- Kenntnisse über die wichtigsten Schädlinge und Krankheiten, die ihr drohen.

Man ist heute vom chemischen Pflanzenschutz zum »handgemachten« Sich-Kümmern um das Wohl der Pflanzen zurückgekehrt in einem System, in dem

- die natürlichen (Abwehr-)Kräfte,
- der optimierte Pflanzenbau und
- das »Managen« der Schaderreger

sinnvoll ineinandergreifen. Dieses System heißt im Fachjargon: **integrierter Pflanzenbau.**

Beobachten und erkennen

Durch regelmäßige Beobachtungen lernt der (Freizeit-)Gärtner Schädlinge und Nützlinge zu erkennen und zu unterscheiden, um sich den Effekt der Nützlinge zunutze machen zu können. Ein weiterer Nebeneffekt laufender Kontrollen besteht darin, dass evtl. aufkeimende Schädlinge schon in einem frühen Stadium erkannt werden, sodass sie mit einfachen mechanischen Methoden oder harmlosen Mitteln abgewehrt werden können, bevor sie großen Schaden anrichten. Es reicht dabei völlig aus, den Schädling nur auf ein tragbares Maß zu reduzieren. Um den verbleibenden Rest muss man sich nicht mehr kümmern, dieser wird schon durch die natürlichen Feinde in Schach gehalten.

Auch für den Privatgärtner ist ein sinnvoller Pflanzenschutz ohne ausreichende Kenntnisse über natürliche Abläufe und die Biologie der wichtigsten (alljährlich auftretenden) Pflanzenschädlinge und -krankheiten gar nicht möglich:

Man muss über den Schädling wissen: Wann tritt er auf? Woran erkennt man ihn (in den Entwicklungsstadien: Ei, Larve oder Imago)? Wann ist der geeignetste Zeitpunkt für eine evtl. gezielte Abwehr? Welche Bedingungen fördern seine Ausbreitung, welche nicht? Wo versteckt er sich im Winter, usw.? Stellvertretend für viele andere Beispiele sei hier nur auf die Apfelwicklerraupe (den »Wurm« im Apfel) hingewiesen: Hat sich die Raupe einmal in den Apfel eingebohrt, ist es für eine Abwehr logischerweise zu spät. Also muss man wissen, woher und wann diese Raupenart kommt, bevor sie sich einbohrt. Wenn man das weiß, kann man versuchen rechtzeitig zu verhindern, dass sie in die Frucht eindringt. Ein Beispiel dafür wie das gehen könnte, ist der Einsatz des Viruspräparates Granupom.
Im Bereich des Haus- und Kleingartens wird der Pflanzenschutz oft ohne ausreichende Kenntnisse über Schädlinge oder Krankheiten durchgeführt. Daher wird der Schaderreger oft erst erkannt, wenn es bereits zu spät und der Schaden schon entstanden ist. Aufklärungsarbeit hat dieses Problem zwar in den vergangenen Jahren wesentlich verbessert, dennoch zeigen Beispiele immer wieder: Der Schaderreger ist in vielen Fällen gar nicht die Ursache, sondern bereits die Folge von früheren Fehlern im Umgang mit der Pflanze. Das heißt, die Pflanze war bereits so geschwächt, dass der Befall nun die natürliche Folge ist.

Informationen gewinnen

Durch regelmäßige Beobachtungen und Kontrollen erkennt man z. B. den Anfang einer Schädlingspopulation bevor sie sich ausbreitet und Schaden anrichtet. Gleichzeitig lernt auch der Laie durch genaue Beobachtung den Unterschied zwischen »Nützling« und »Schädling« oder »Indifferenten« (= weder schädlich noch nützlich, aus der Sicht des Menschen) kennen. Ganz nebenbei entdeckt man auch noch, wie es den

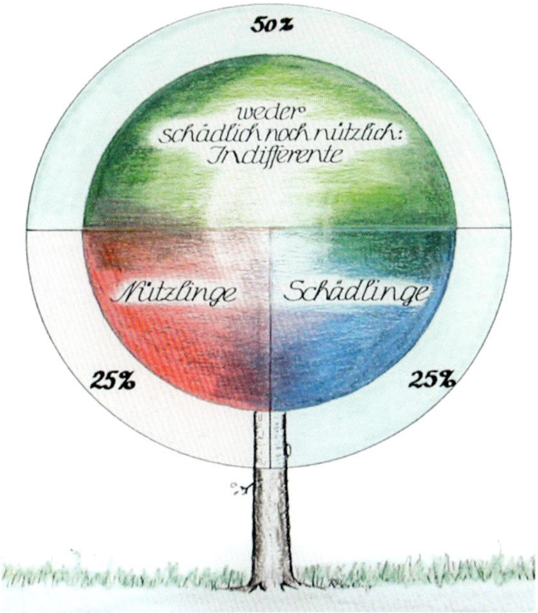

Es sind nicht alle Insekten schädlich! Man muss sich die Aufteilung so vorstellen: 25% Nützlinge; 25% Schädlinge;50% Indifferent.

Pflanzen ansonsten geht, z. B. ob ihnen etwas fehlt (Nährstoffmangel, usw.).
Zur Beobachtung bedient man sich verschiedener Hilfsmittel: Wichtigstes Instrument hierbei ist die (10-fach-)Lupe. Bewährt hat sich außerdem die **Klopfprobe**: Fängt man auf, was beim Abklopfen einzelner Äste oder Blätter herunterfällt, kann man auch ganz versteckte Individuen aufspüren, die man sonst kaum sehen würde.

Nützling oder Schädling ?

In der Natur gibt es weder »Nützlinge« noch »Schädlinge«. In ihr regiert seit vielen Jahrmillionen die Gesetzmäßigkeit des Überlebens und des Fressens und Gefressenwerdens. Dies geschieht im Rahmen der gegenseitigen Abhängigkeit innerhalb des ökologischen Gefüges. Es liegt also keinesfalls im Interesse eines Nützlings, dem

Durch die eigene Beobachtung können die nötigen Erkenntnisse im Garten gewonnen werden. Die Lupe ist dabei ein wichtiges Instrument, vor allem wenn die Objekte sehr klein sind.

Menschen zu helfen, indem er Schädlinge frisst. Er tut dies ausschließlich zu seiner Selbsterhaltung. In einem System von Starken und Schwachen ist der Nützling einmal Sieger und ein anderes Mal Besiegter. Der Mensch kann mit seinem Verstand diese Zusammenhänge durch Beobachtung erkennen und für sich im Sinne des Pflanzenschutzes nützen, wenn er die größeren Zusammenhänge in der Natur erkennt und nach diesen Gesetzmäßigkeiten handelt.

Gleichgewicht halten

Der Mensch ist eingebunden in ein System, das sich aus der Summe aller chemischen, physikalischen und biologischen Abläufe in der Natur zusammensetzt. In ein interaktives Netzwerk, in dem die Abhängigkeiten, Abläufe und Reaktionen, das Wachsen und Vergehen geregelt sind und um ein dynamisches Gleichgewicht herum pendeln. Die weitläufigen Zusammenhänge, die diesen Material- und Lebenskreislauf seit Anbeginn in Gang halten, sind bei Weitem noch nicht alle erforscht oder bekannt. Der Mensch ist sich leider nicht immer seiner Rolle bewusst, die er bei der Gesunderhaltung dieser Lebensvorgänge spielt. Er treibt oft Raubbau und maßlose Ausbeutung damit.

Verstehen und umdenken

Bei der Bewältigung seiner vielschichtigen Umweltprobleme muss der Mensch sich wieder mehr mit den natürlichen Systemen und Zusammenhängen befassen. Die Chemie und die Physik sind Wissenschaftszweige, die uns Einblick in die hoch komplizierten Lebensabläufe gewähren. Sie dienen uns als vielseitige, fundamentale Werkzeuge zum besseren Verständnis.
Das bewusste Beobachten und bewundernde Erkennen der Vorgänge in der Natur, in der wir leben und deren einer winziger Bestandteil auch wir Menschen sind, führt zu einem »biolo-

gischeren« Verständnis und Handeln für und nicht gegen die Natur. Das bedeutet eine Herausforderung für jeden, bei dem der Fortschrittsglaube das rechte Verständnis für die Natur verdrängt hat. Heutige Umwelt- und Pflanzenschutzziele können nur durch das Umdenken aller zum Wohle der Natur erreicht werden. Ein Umdenken, das uns die Folgen unseres Handelns, insbesondere auf das Ökosystem, bewusst werden lässt. Dazu gehört auch, dass man wissen sollte, welche Funktion ein Insekt im Organisationsplan des Gartens (der Natur) hat, bevor man es gedankenlos totschlägt oder anderweitig vernichtet. Jedes dieser Individuen behauptet einen eigenen Lebensraum und ist Bestandteil des Lebens, das es seit mehreren Jahrmillionen auf unserer Erde gibt. Und jedes dieser Individuen hat sein Erfolgsrezept, das es bis heute und weit über den Menschen hinaus zum Überleben befähigt hat. Sie haben durch ihre Anpassungsfähigkeit ihr Überleben gesichert.
Die nötigen Kenntnisse können auch im Garten durch eigene Beobachtungen gewonnen werden. Die folgenden Kapitel sollen dabei helfen die Zusammenhänge zu erklären. Der Erfolg ist dabei nur an ein bisschen Interesse und Lernbereitschaft seitens des Freizeitgärtners gebunden.

Vorbeugen durch Kultur- und Anbaumaßnahmen

Wichtigste Voraussetzung für das Gedeihen der Pflanzen ist die optimale Pflege mit der Ausrichtung auf die individuellen Bedürfnisse. Eine Pflanze, die ihren Ansprüchen entsprechend mit Licht, Luft, Wasser, Wärme und Nährstoffen versorgt wird, erweist sich als weniger anfällig gegenüber Krankheiten und Schädlingen.
Häufig sind nämlich für Schäden an der Pflanze nicht immer nur Schädlinge verantwortlich, sondern auch Mängel bei der Versorgung mit lebenswichtigen Stoffen. Die Bezeichnung »Schwächeparasit«, die für einige Schadorganismen gilt, beschreibt den Umstand, dass in der Regel nur schlecht versorgte Pflanzen befallen werden.

Standortfaktoren berücksichtigen

Je nachdem, aus welchen Gebieten der Erde die Pflanzen in unseren Gärten ursprünglich stammen, sind sie in einer bestimmten Pflanzengemeinschaft zu Hause und finden sich in fremder Umgebung nicht oder erst nach einer Eingewöhnungsphase zurecht. Darunter können ihr Wohlbefinden und ihre Widerstandsfähigkeit leiden. Das sollte man beim Verpflanzen bedenken! Der Hobby-Gärtner macht gerade hierbei wohl die meisten Fehler und programmiert Probleme vor. Zwei typische Beispiele: Moorbeetpflanzen, z. B. Rhododendren, stammen aus lichten, (halb-) schattigen Wäldern, aus Feuchtgebieten mit sauren und humusreichen Böden. Sie finden sich in der prallen Sonne auf Lehmboden mit alkalischer Bodenreaktion oft nicht zurecht. Oder: Eine Pflanze vom Meeresstrand wird in die Heide oder ins Gebirge umgesiedelt - das kann gar nicht gut gehen! Wenn hier auch zwei Extreme genannt wurden, so wird deutlich, dass unbedingt vor dem Anbau bekannt sein muss, welche Ansprüche eine Pflanzenart an ihre Umgebung stellt. Dort, wo diese Voraussetzungen nicht geschaffen werden können, sollte man lieber die Finger davon lassen und auf heimische Pflanzen zurückgreifen. Bestehende Standortfaktoren an den Bedarf von »Exoten« anzupassen, erfordert großes fachliches Fingerspitzengefühl, ständige Kontrollen und meist einen großen technischen Aufwand (z. B. Gewächshaus).

Qualität pflanzen

Der Auswahl des Pflanzenmaterials kommt natürlich eine große Bedeutung zu. Gute Startbedingungen für eine Pflanze hängen zum einen wesentlich vom sorgfältig ausgewählten **Saatgut** ab, zum anderen von den Bedingungen im Anzuchtbeet. Bei der Auswahl der **Jungpflanzen** ist auf typische Merkmale und kräftigen Wuchs zu achten - eigentlich selbstverständlich. Dennoch ist immer wieder zu beobachten, dass kümmerliches Pflanzgut verwendet wird.

Die richtige Sorte wählen

Es ist bemerkenswert, dass gewisse Pflanzen von Schädlingen bzw. Krankheiten befallen werden und andere nicht. Durch den züchterischen Erfolg bei einigen Pflanzenarten ist es möglich, Sorten auszuwählen, die gegen bestimmte Schädlinge oder Krankheiten tolerant sind.
Es empfiehlt sich, bevorzugt solche Sorten zu wählen. Informationen darüber gibt es bei den örtlichen Beratungsstellen, in der entsprechenden Speziallliteratur und beim Bundessortenamt (Osterfelddamm 80, 30627 Hannover).

Lange Fruchtfolgen einhalten

Die Erkenntnis, dass der Ertrag eines Ackers ständig abnimmt, wenn er alljährlich mit der gleichen Kulturpflanze bestellt wird, geht schon weit in die Anfänge des Ackerbaues zurück. Der Boden wird ärmer an Nährstoffen und reicher an spezifischen Schadorganismen. Die Anbauflächen im Garten unterliegen natürlich dem gleichen Schwund. Ein großzügiges Rollieren der Gartenkulturen von einem Beet zum anderen kann das verhindern. Wichtig ist, dass die Pflanzenarten durchwechseln. Mindestens vier Jahre müssen vergehen ehe die gleiche Kultur an der selben Stelle gepflanzt wird. Die bodenbürtigen und fruchtspezifischen Krankheitserreger und Schädlinge werden auf diese Weise ausgehungert. Dass in vielen Gärten nicht genügend Platz für einen Flächenwechsel vorhanden ist, löst das Problem nicht. Schlimmstenfalls muss dann leider Verzicht geübt werden.

Boden ist Leben

Der Boden ist nicht nur Lebensraum für die Wurzeln der Pflanzen, sondern auch für viele Millionen verschiedener Insekten, Würmer, Milben, Mikroorganismen, Pilzarten usw. Aus der Erde kommt alles Leben und es kehrt auch dorthin wieder zurück!
In einem Würfel Erde mit einer Kantenlänge von 1 cm, »wohnen« mehr Lebewesen als Menschen auf der ganzen Erde (mehr als sechs Milliarden)! Der Sorge um eine optimale Bodenbeschaffenheit in unserem Garten kommt also höchste Priorität zu. Denn diese Lebewesen haben nicht einfach nur einen Selbstzweck, sondern sie steuern die wesentlichen hochkomplizierten chemischen, physikalischen und biologischen Auf-, Um- und Abbauprozesse im Boden, ohne die es auf der Erde kein Leben gäbe. Mikroorganismen bauen beispielsweise die Nährstoffe aus dem Boden für die Pflanzen erst so um, dass diese von den Wurzeln überhaupt aufgenommen werden können. Denn Wurzeln haben keine Zähne!
Um dieses Leben im Boden zu fördern, soll er luftdurchlässig und locker sein. Er soll Nährstoffe speichern können, eine gute Wasserhaltekraft besitzen und eine krümelige Struktur haben. Durch geeignete mechanische Bodenbearbeitung kann dies erreicht werden. Nicht die kosmetisch glatt gestrichene, optisch »schöne« Erde ist das Ziel, sondern ein ausgewogenes Gemenge aus organischer und mineralischer Materie mit Steinchen ebenso wie mit verrotteten Häckselstückchen und Grünabfällen, Lehm und Sand. Es macht pflanzenbaulich also keinen Sinn, die groben Bestandteile aus dem Boden alle herauszusieben.

Die Bodenart prägt

Die chemischen und physikalischen Eigenschaften des Bodens sind so unterschiedlich wie das Muttergestein, aus dem er entstanden ist.
Sandige Böden (leichte Böden) sind ton- und humusarm und reagieren auf Düngergaben meist

schnell und sauer (siehe unten). Die Nährstoffe können nur schlecht gespeichert werden. Beim Düngen solcher Böden soll daher die erforderliche Menge auf mehrere kleine Gaben verteilt werden. **Tonige Böden** (schwere Böden), die reich an Tonteilchen, Kalk und Mikroorganismen sind, verändern ihren Säuregrad kaum. Sie können Düngergaben gut speichern und neutralisieren, ohne die Bodenreaktion spürbar zu ändern.

Den Säuregrad des Bodens bestimmen

Ein wesentlicher Faktor des Standortes einer Pflanze ist der Säuregrad des Bodens. Er wird durch den sogenannten pH-Wert beschrieben. Hohe pH-Werte kennzeichnen eine alkalische Bodenreaktion, niedrige eine saure. Der pH-Wert lässt sich im Rahmen einer Bodenprobe bestimmen, kann aber auch mittels einfacher colormetrischer Messstreifen, die im Handel erhältlich sind, selbst grob ermittelt werden.
Der für Pflanzen optimale Säuregrad der Gartenerde liegt je nach Pflanzenart zwischen pH 6,5 und pH 5,5 im schwach sauren Bereich. Hier ist die Widerstandskraft der meisten Pflanzen am höchsten. Schwankungen des Säuregrades (durch Dünger, sauren Regen usw.) können im Normalfall vom Boden ausgeglichen werden. Ist das Pufferungsvermögen des Bodens jedoch erschöpft, ändert sich der pH-Wert unter Umständen stark. Lebensnotwendige Nährstoffe werden dann im Boden chemisch gebunden und stehen der Pflanze nicht mehr zur Verfügung. Bei zu saurem Boden beispielsweise können viele wichtige Spurenelemente (Eisen, Mangan, Bor, Kobalt) nicht mehr von den Wurzeln aufgenommen werden. Die Folgen sind die typischen Chlorosen (Gelbwerden der Blätter).

Den Boden verbessern

Die wichtigsten Maßnahmen zur Verbesserung der Bodenstruktur sind:

- Das grobschollige Umgraben im Herbst ermöglicht den Frostaufbruch: Das gefrierende Wasser bricht die Lehmbrocken zu feinkörniger Erde auf.
- Vorsichtiges Umgraben oder Hacken im Sommer verbessert die Luft- und Wasserführung oder verlagert die in den unteren Schichten abgelagerten Nährstoffe wieder nach oben.
- Gaben von kohlensauerem Kalk verbessern die Bodenstruktur, aktivieren die Mikroorganismen und setzen dadurch Nährstoffe frei, sie wirken der Übersäuerung entgegen. Bei kalkfliehenden Pflanzen wird zur Bodenverbesserung mit Torf oder -mischungen gearbeitet.
- Schwerem Boden wird zur Lockerung Sand (Split) zugeführt.
- In sandigen, leichten Böden werden Torfmischungen, Kompost, Lehm oder Tonmergel eingearbeitet.

So vorbereitete Böden schaffen gute Startbedingungen für bestehende und neue Pflanzungen.

Richtig düngen

Die harmonische Versorgung mit Nährstoffen ist für die Pflanze lebensnotwendig: Harmonisch heißt, von allen Nährstoffen ausreichend, denn zu wenig von einem einzelnen Nährstoff führt ebenso zu Schäden, wie zu viel von einem anderen (Gesetz vom Minimum).
Der Zeitpunkt der Düngung spielt vor allem bei **mineralischen Düngern** eine große Rolle. Die Düngung soll zu einem Zeitpunkt erfolgen, zu dem die Pflanze Bedarf hat; auch die Zahl der Düngergaben richtet sich nach ihrem Anspruch. Mineraldünger bestehen teils aus hoch wirksamen Salzen, die sofort wirken und auch schnell verzehrt sind. Sie müssen deshalb maßvoll (nach Gebrauchsanweisung bzw. Bodenprobenergebnis) verabreicht werden, um Schäden zu vermeiden.
Gaben von Stickstoff- und Phosphordünger noch im August verzögern den Abschluss des Triebwachstums und erhöhen damit die Frostempfindlichkeit. Kaligaben (besonders Kalimagnesia)

Das Bodenproben-Set erleichtert die Ziehung der Bodenprobe. Es enthält alles, was dazu erforderlich ist: Anleitung zur Ziehung, Versandbeutel, Versandkarton, Adressenliste.

dagegen stärken das Gewebe und erhöhen die Widerstandskraft der Pflanze.

Organische Dünger führen dem Boden organische Stoffe zu, die auch Mineralsalze enthalten. Sie versorgen die Pflanzen zwar langsam, aber stetig und gleichmäßig mit den nötigen Nährstoffen. Vor Ort werden sie durch die Bodenlebewesen, aber auch durch Klimafaktoren (Licht, Luft, Wärme, Feuchtigkeit, Verwitterung) in pflanzenverfügbare Stoffe umgesetzt.

Zu den organischen Düngern zählen vor allem Kompost, verrotteter Mist, Laub, Ernterückstände (Stroh), Jauche, Gülle, zerkleinerte Gründüngungspflanzen, aber auch das Mulchen mit Heu o. Ä. Organische Dünger sind auch im Handel erhältlich, etwa als Hornmehl (Stickstoffdünger), Blut- und Knochenmehl (Phosphordünger) oder Mischdünger (wie Engelhart's Dünger, Oscorna, Azet usw.).

Kompostieren

Einer der wichtigsten Nährstofflieferanten des Gartens ist der Komposthaufen. Für ihn gilt die Grundregel, dass möglichst nur das Material aus dem eigenen Garten hier deponiert wird. Fremdmaterial ist oftmals belastet oder zumindest kann das nicht mit Sicherheit ausgeschlossen werden. Im Kompost erfolgt durch die Aktivität von Bakterien, Pilzen und Regenwürmern der Abbau von abgestorbenen Pflanzen und Pflanzenteilen sowie die Umwandlung dieser in organische Masse.

Der Komposthaufen muss gut durchlüftet und ausreichend feucht sein. Es bedarf in der Regel keiner Zusätze (wie Kompostbeschleuniger, Kompostwürmer etc.) oder besonderer (Kunststoff-)Kompostbehälter. Die einfachen Gitter- oder Lattenbausätze sind die Besten.

Bodenprobe nehmen

Über die Nährstoffverhältnisse im Boden gibt die Untersuchung einer Bodenprobe Auskunft. Man sollte sie alle vier bis acht Jahre durchführen. Für eine Bodenprobe werden an verschiedenen Stellen der zu untersuchenden Fläche Erdproben entnommen und zu einer Probe gemischt. Viele Gartenbauvereine veranstalten und organisieren regelmäßige Reihenuntersuchungen zu verein-

barten Terminen. Verschiedene Beratungsstellen, wie die Bayerische Landesanstalt für Landwirtschaft in Freising-Weihenstephan oder die Bayerische Gartenakademie in Veitshöchheim (weitere Adressen siehe Anhang), schicken auf Anfrage Bodenprobe-Sets zu, denen eine ausführliche Beschreibung über Art und Vorgehensweise der Probenentnahme beiliegt.
Die Bodenprobe wird dann in einem Labor auf pflanzenverfügbare Nährstoffe wie Phosphor, Kali und Kalk untersucht. Das Untersuchungsergebnis geht zusammen mit einer daraus resultierenden Düngeempfehlung für die jeweilige Pflanzenkultur in den kommenden Jahren an den Absender zurück.

Sorgfältiger Pflegeschnitt

Als klassische Kulturmaßnahme gilt das Ausschneiden von Kulturpflanzen: etwa der Schnitt zum Kronenaufbau und gegen das Vergreisen von Obstbäumen, der Auslichtungsschnitt von Ziergehölzen, das Ab- oder Ausschneiden von kranken Pflanzenteilen.
Besondere Bedeutung im Sinne des Pflanzenschutzes kommt dabei dem Auslichtungsschnitt zu, der die Versorgung der Pflanze mit Licht, Wärme und Luft verbessert. Die Pflanze trocknet nach Niederschlägen schneller ab. Das vermindert die Gefahr eines Pilzbefalls, da diese Schaderreger sich umso stärker verbreiten, je länger die Feuchtigkeit anhält.

Pflanzenhygiene und Schnittmaßnahmen

Zu den wichtigsten vorbeugenden Anbaumaßnahmen gehört daher vor allem das Sauberhalten der Pflanzen (-verbände, -flächen) durch rechtzeitigen Aus- oder Rückschnitt. Es gilt das Grundprinzip: Alle erkrankten Pflanzen und Pflanzenteile so schnell wie möglich aus dem Verband der gesunden herauszuschneiden, da von diesen eine potenzielle Ansteckungsgefahr ausgeht. Für die Hygiene spielt es dabei eine untergeordnete Rolle, aus welchem Grund ein Ast »dürr« geworden ist. Nur bei Hinweisen z. B. auf Feuerbrand oder andere Bakterienkrankheiten sollte das anfallende Schnittgut außerhalb des Gartens unschädlich gemacht werden (z. B. über den Restmüll entsorgen) und nicht im Garten verbleiben. Nach derartigen Schnittmaßnahmen empfiehlt es sich, regelmäßig zu kontrollieren, ob sich die vermeintliche Krankheit nicht hinterher doch wieder ausbreitet - gegebenenfalls muss dann noch einmal nachgearbeitet werden. Sterbende oder tote Pflanzen haben im Garten nichts zu suchen.
Die Mahnung zur Sauberkeit bezieht sich natürlich auch auf alle eingesetzten Gerätschaften, Werkzeuge, Behälter wie Obstkisten oder Über- und Blumentöpfe, die im Einsatz sind. Auch sie sind Überträger von Krankheitserregern.

Die Kunst des Gießens

Um den Wasserbedarf einer Pflanze zu erkennen, sind Kontrollgrabungen mit der Hand ein geeignetes Mittel. Man kann damit auch erkennen, ob das Wasser überhaupt bis zu den Wurzeln vorgedrungen ist.
Tipps zum Gießen:

- Die Wassermenge beim Gießen sollte 10 l/m^2 nicht unterschreiten; sie soll eher 20 l/m^2 betragen.
- Lieber größere Wassermengen in größeren Zeitabständen verabreichen als dauerberieseln.
- Pflanzen grundsätzlich nicht »über den Kopf gießen«, sondern nur den Boden wässern. Blätter und Triebe sollten trocken bleiben.
- Grundsätzlich in der Frühe gießen! Beim Gießen am Abend reicht den Pflanzen das Wasser oft kaum bis zum Morgen aus und fördert zudem den Schneckenbefall sowie Pilzkrankheiten. Am Morgen gegossen, reicht die Feuchtigkeit dann bis zum Abend aus.

Die wichtigsten Nützlinge

Die folgende Aufzählung der wichtigsten und bekanntesten Nützlinge bezieht sich auf Insekten, die dem Hobbygärtner zwar durch häufige Begegnungen bekannt sind, die er aber vielleicht noch nicht als Nützlinge erkennt. Die Vielzahl der aufgezählten Insekten soll vor Augen führen, wie wirkungsvoll die »Schädlingsabwehr« der Natur ist. Diese Abwehr vollzieht sich ohne viel Zutun des Menschen, gewissermaßen automatisch, auf natürlichem Wege in unserem gesamten Lebensraum!

Nützlinge erkennen und nutzen

Die Wirkung dieser natürlichen Abwehr soll sich der Gärtner, so gut es geht, im Sinne des Schutzes der Pflanzen zunutze machen und sie nicht stören. Seine wichtigste Aufgabe ist es dabei, die Nützlinge zu schonen und zu fördern. Man kann aber nur schützen, was man kennt! Deshalb werden in der Folge in erster Linie die Nützlinge aus unserer »Nachbarschaft« zum Kennenlernen gezeigt und beschrieben.
Nicht immer lassen sich dabei klare Grenzen ziehen. Unsere heimischen **Wespen** *(Vespa spec.)* beispielsweise sind echte Räuber, die sich von allen möglichen Insekten ernähren – nützlichen wie schädlichen (!). Von Frühjahr bis Spätsommer verfüttern Wespen diese an ihre Brut. Für den Menschen werden sie zwar immer wieder lästig, weil sie sehr gerne naschen und ihm durch ihren wehrhaften Stachel schmerzhafte Stiche zufügen können. Trotzdem steht der Nutzen der verschiedenen Arten dieser Wespen außer Zweifel.

Mit Umsicht einsetzen

Auch das Beispiel des **Asiatischen Marienkäfers** *(Harmonia axyridis)* zeigt, wie schmal der Grat zwischen Nützling und Schädling mitunter verläuft. Eine Zuchtstation für Nützlinge in Belgien hat 2003 diesen Marienkäfer für Gärtner zur Blattlausbekämpfung im Gewächshaus gezüchtet und zum Kauf angeboten. Dabei ließ es sich aber nicht verhindern, dass die Käfer ins Freiland gelangten. Sie verbreiteten sich von da an weit über ihre Einsatzgebiete hinaus, über ganz Europa bis Nordafrika aus, da sie hier noch keine natürlichen Feinde haben. Für heimische Vögel sind sie ungenießbar. Diese widerstandsfähige Marienkäferart ist zwar noch gefräßiger als die

Was bedeutet Parasitierung?

Bei den Beschreibungen der Nützlinge taucht öfter der Begriff der Parasitierung auf. Er kann irritieren, da er in unserer Vorstellung negativ klingt. Jedoch handelt es sich dabei um einen »Nützling«, der einen »Schädling« abtötet, indem er ihn parasitiert. Die Larve einer Schlupfwespe beispielsweise bohrt sich in den Körper eines Pflanzenschädlings, z. B. einer Raupe, ein und frisst ihn auf. Der Schädling wird so vernichtet.

Unsere heimischen Wespen sind nicht nur eine lästige Konkurrenz am Kuchenbüffet, sondern auch äußerst fleißige Insektenvertilger im Garten.

heimischen Arten - was im Hinblick auf die Blattlausbekämpfung positiv ist. Negativ ist jedoch, dass sie die heimischen Arten nun verdrängt und in Deutschland inzwischen eher als sehr lästig einzustufen ist. Sie frisst auch die Gallmückenlarve, die ein wichtiger Blattlausvertilger in der Natur ist (s. S. 36)! Der Asiatische Marienkäfer kann in vielen unterschiedlichen Farbkombinationen auftreten, was ihm schon den Namen »Harlekin-Marienkäfer« eingebracht hat. Im Herbst bewirkt ein »Versammlungs-Pheromon« (ein Duftstoff), dass sich die Käfer in großer Zahl an Hauswänden, Türen oder Fenstern zusammenrotten. In den Weinbaugebieten ist er sogar zu einer echten Bedrohung geworden, weil sich die Käfer bei der Traubenernte zwischen den einzelnen Beeren verstecken. In der Maische führt die sogenannte Hämolyphe ab einer bestimmten Menge zu einer Geschmacksveränderung im Wein. Nicht erst seit diesen Erfahrungen unterliegt in Deutschland die Genehmigung für die Zucht von Nützlingen strengen Auflagen der Biologischen Bundesanstalt.

Der Asiatische Marienkäfer unterscheidet sich von den heimischen Arten durch das weiße Halsschild mit dem schwarzen Buchstabenmuster in der Mitte.

Laufkäfer

Aussehen: Laufkäfer *(Carabidae)* sind, wie ihr Name schon sagt, mit flinken, langen, kräftigen Beinen ausgestattet, die sie für ihr räuberisches Leben brauchen. Viele besitzen einen prächtigen metallischen Farbglanz oder ornamental gezeichnete Flügeldecken. Das macht sie sehr attraktiv.
Lebensweise: Dem Menschen begegnen Laufkäfer meist nur dann, wenn sie aufgeschreckt werden, denn sie leben sehr verborgen. Tagsüber verstecken sie sich und liegen nur nachts auf der Lauer nach Insekten, Schnecken, Würmern, Krebstieren und anderen. Die meisten Laufkäferarten sind als Nützlinge einzustufen. Sie greifen ihre Beute meist von hinten oder von der Seite her an, töten sie und zerlegen sie mit ihren scharfen Mundwerkzeugen. Sie haben keine Kauwerkzeuge und können ihre Nahrung daher nur flüssig aufnehmen. Dazu müssen sie sie erst mit einer ätzenden Verdauungsflüssigkeit bespritzen, um die so vorverdaute Nahrung aufsaugen zu können. Zugleich dient diese Ätzflüssigkeit auch der Selbstverteidigung. Treffsicher vermögen sie damit den Gegner außer Gefecht zu setzen.
Viele Laufkäferarten legen ihre 50 bis 60 Eier im Sommer ab. Die daraus schlüpfenden Larven ähneln den Kellerasseln. Sie haben einen stark gepanzerten, lang gestreckten Körper und sind mit ihren großen, spitzen Mundwerkzeugen ebenso gut für ein räuberisches Leben ausgestattet wie die fertigen Käfer. Die meisten Larvenarten überwintern im Boden, verpuppen sich dort in etwa 20 cm Tiefe und kommen im Frühjahr bis Sommer als Käfer aus dem Bodenversteck.
Die Bedeutung der Laufkäfer für die Schädlingsbekämpfung ist beachtlich. Sie fressen Raupen, Engerlinge, Drahtwürmer und ähnliche in großer Zahl. Sogar Schnecken gehören zu ihrer Beute. Als Puppenräuber oder Raupentöter *(Calosoma)* wird eine Art bezeichnet, weil sowohl ihre Larven als auch die Käfer auf Bäumen und Sträuchern Schmetterlingsraupen nachstellen und bei großem Nahrungsangebot entsprechend zahlreich auftreten. Dieser Lebensweise verdanken sie auch den Namen Kletterlaufkäfer. Bemerkenswert ist, dass sich kleinere Laufkäferarten (wie z. B. *Pterostichus vulgaris*) ihrer Opfer gleich zu mehreren bemächtigen, besonders dann, wenn ihr Opfer einmal größer ist, als sie selbst.
Vorkommen: In Europa gibt es etwa 500 verschiedene Laufkäferarten von 5 bis 50 mm Größe. Man kann sie überall in der Natur antref-

fen, wo sie ihre vielfältigen Beutetiere meist in Bodennähe, aber auch auf Bäumen angreifen.

Schutz und Förderung: Laufkäfer brauchen für ihr Leben möglichst bewachsenen, schattigen, feuchten Boden, der ihnen Unterschlupf bietet (z. B. Steine, Laub, Holz oder kleine Erdhöhlen). Oft genug purzeln Laufkäfer im Hausgarten auf der Suche nach diesen Plätzen z. B. über die Lichtschächte in Kellerräume hinein, aus denen sie sich selbst nicht mehr befreien können.

Einige Beispiele

1 Bestimmte Laufkäferarten sind für die Jagd auf Schnecken besonders gut ausgestattet: Sie verzehren nicht nur die kleineren Nacktschneckenarten, sondern sogar Gehäuseschnecken. Der **Schaufellaufkäfer** *(Cychrus rostratus)* etwa kann mit seinem schmalen Vorderkörper ins Schneckenhaus hinein gelangen. Die Schnecken wehren sich allerdings durch verstärkte Schleimabsonderung, wodurch die Käfer auch von ihnen abgleiten und sich die Mundwerkzeuge verkleben können.

2 Der grün-golden schimmernde **Goldlaufkäfer** *(Carabus auratus)* gehört sicher zu den schönsten Laufkäferarten. Er ist ca. 3 cm groß und verzehrt pro Tag das 13-Fache seines Eigengewichtes an Erdraupen, Maden, Käferlarven und ähnlichen Tieren. Mit seinen kräftigen Mundwerkzeugen kann er sogar den Chitinpanzer von Kartoffel- oder Maikäfern knacken.

3 Ein **Körnerlaufkäfer** *(Carabus cancellatus)* hat eine Kartoffelkäferlarve auf einem Kartoffelblatt angebissen. Laufkäfer attackieren ihre Beute mit einer ätzenden Verdauungsflüssigkeit, die man auf dem Blatt deutlich herunterlaufen sieht.

1

2

3

Marienkäfer

Die Marienkäfer *(Coccinellidae)* sind unbestritten die populärsten unter den Nützlingen, davon zeugen auch ihre volkstümlichen Namen: Marienkäfer, Herrgottskäfer, Frauenkäfer oder Glückskäfer.
Aussehen: Am bekanntesten sind wohl die Käfer mit den roten, glänzenden Flügeldecken, den sieben schwarzen Punkten und dem schwarz-weiß gemusterten Halsschild. Die kleinen, halbkugelförmigen Tierchen mit der auffallend schönen Färbung haben eine Größe zwischen 1 und 40 mm.
Die Grundfarbe der Flügeldecke, Farbe und Anzahl der Punkte - soweit überhaupt vorhanden - können jedoch innerhalb der Gattungen stark variieren. Weiße Punkte auf braunem Untergrund kommen ebenso vor wie rote, gelbe und orangefarbene Flecken auf schwarzem Grund oder schwarze Punkte auf gelbem oder braunem Untergrund. Allen Marienkäfern gemeinsam ist die Fähigkeit, bei Gefahr Beine und Fühler in Nischen auf der Bauchseite des Körpers einzulegen.
Lebensweise: Marienkäfer leben bei weitem nicht so zurückgezogen wie Laufkäfer. Sie sind vorwiegend räuberisch lebende Fleischfresser. Das voll entwickelte Tier frisst pro Tag im Schnitt 40 bis 60 Blattläuse und das während der ganzen Vegetationsperiode. Der 22-Punkt-Marienkäfer, ein Spezialist, lebt vom Gewebe des Mehltau-Pilzes.
Nach der Überwinterung in einem geschützten Winkel an Bäumen, in Schuppen oder Wohnhäusern, beginnt der Käfer die Jagd, sobald geeignete Beutetiere auf der Bildfläche erscheinen. Der Käfer ist bereits das Endstadium des Insektenentwicklungskreislaufes: Ei - Larve - Puppe - Käfer. Käfer verändern ihre Größe nicht mehr. Sie sind bereits ausgewachsen, wenn sie aus der Puppe schlüpfen. Ihr Lebenslauf endet nach der Eiablage im Frühsommer. Das Weibchen legt seine Eier in Gruppen von fünf bis 20 Stück ab, aus denen nach rund einer Woche die zunächst schwarzen, später grauen, verschiedenartig gemusterten Larven schlüpfen. Die Eier von schwachen oder zurückgebliebenen Artgenossen in den Gelegen dienen den gesunden Larven gewissermaßen als Wegzehrung bis sie selbst Beute jagen können.
Marienkäferlarven sind sehr beweglich und haben kräftige Mundwerkzeuge mit denen sie unter anderem Blattläuse, Schildläuse und Blattflöhe angreifen und fressen. Sie sind sehr gefräßig. Untersuchungen haben ergeben, dass eine

Marienkäferlarve während ihrer 20-tägigen Entwicklungsdauer ca. 400 Blattläuse verzehrt! Zur Verpuppung setzt sich die ausgewachsene Larve mit ihrem Hinterleibsende auf der Blattoberseite oder Ähnlichem fest. Sie schlüpft aus ihrer Haut, indem sie sie am hinteren Ende wie einen Strumpf zusammenschiebt. Die nun zutage tretende Puppe ist gelb bis dunkelbraun gemustert.
Vorkommen: Der Artenreichtum der Marienkäfer wird meist unterschätzt. Allein in Europa kennt man 75 Gattungen, die sich noch jeweils in viele Arten und Varietäten aufspalten. Seit einigen Jahren verbreitet sich auch der **Asiatische Marienkäfer** *(Harmonia axyridis)* bei uns (s. S. 14).
Schutz und Förderung: Besonders die Marienkäferlarven sind während ihres Wachstums sehr gefräßig und nützlich. Leider werden sie weit weniger gut erkannt als die Käfer und deshalb oft mit den Schädlingen zusammen vernichtet. Auch das Aussehen des Puppenstadiums ist wenig bekannt.

Einige Beispiele

1 Die Anzahl der Punkte und die Farben der Flügeldecken variieren stark bei den Marienkäfern. Die Punktezahl gehört daher zu einem der charakteristischen Bestimmungsmerkmale der jeweiligen Art. So gibt es **2-, 7-, 10-, 14-** oder **22-Punkt-Marienkäfer**.

2 Die Larve des kleinsten blattlaus- und spinnmilbenfressenden Marienkäfers *(Scymnus subvillosus)* schmückt sich zur Tarnung sogar mit einem »Schafspelz« aus weißen Wachsfäden, um harmlos zu wirken. Der schwarze, behaarte Käfer, der sich aus dieser Larve entwickelt, ist nur 2 bis 2,5 mm groß.

3 Eine einzige Marienkäferlarve verzehrt während ihrer 20-tägigen Entwicklungsdauer rund 400 Blattläuse.

1

2

3

Kurzflügler oder Raubkäfer

Aussehen: Die Kurzflügler *(Staphylinidae)* verdanken ihren Namen den verkürzten Flügeldecken, die den Hinterleib auf zwei Drittel seiner Länge unbedeckt lassen. Dank ihrer normal entwickelten Flügel sind sie aber gute Flieger. Während der Ruhe liegen die Hautflügel wie ein Briefbogen, einmal der Länge und einmal der Quere nach gefaltet, unter den verkürzten Flügeldecken. Die Käfer sind länglich, zum Teil bunt gefärbt und haben eine Größe zwischen 1 und 40 mm. Die größeren Arten ähneln den Ohrwürmern. Eine Verwechslung ist aber wegen des zangenähnlichen Gebildes am Hinterleibsende der Ohrwürmer, das Kurzflügler niemals haben, nicht so leicht möglich. Dafür können die Kurzflügler mit ihrem Hinterleib ein typisches Wehrverhalten vollführen. Bei Gefahr biegen sie das Ende aggressiv über den Rücken nach vorne und schleudern bei Bedarf aus Wehrdrüsen gezielt eine ätzende Flüssigkeit aus. So einfach die Erkennung der Kurzflügler allgemein ist, so schwer ist es, die einzelnen Arten voneinander zu unterscheiden.

Lebensweise: Viele Kurzflügler leben vom Abbau organischer Masse aus Pflanzen, von Kleinlebewesen oder Pilzfäden. Sie leben im Laub, im Kompost des Gartens, auf Sträuchern, auf Laub- und Nadelbäumen, an See- und Flussufern. Sie graben Röhren in den Boden, die sie ähnlich einer Fallgrube für ihre Jagd benutzen. Mit wenigen Ausnahmen sind sie alle Schädlingsvertilger. Es gibt unter den Kurzflüglern Arten, die auf Spinnmilben oder Blattläuse spezialisiert sind. Sie verfolgen auch andere Insektenfresser und deren Larven, die hinter abgelösten Rindenteilen leben. Kurzflügler leben sehr eng angelehnt an den Lebensrhythmus ihrer Wirtstiere, die aus allen Bereichen kommen können, in denen es Insekten und andere Kleintiere gibt. Man findet sie zu allen Jahreszeiten. Die Eier z. B. des Gestreiften Kurzflüglers *(Aleochara bilineata)* werden frei in den Boden abgelegt, von wo aus sich die schlüpfenden Larven auf die Suche nach den Tönnchenpuppen verschiedener Gemüsefliegen machen (z. B. von Kohl-, Bohnen-, Zwiebelfliege). Dabei fressen sie die Tönnchen innen aus (Parasitierung). Zum Teil verbringen sie auch ihre eigene »Puppenruhe« im Schutz dieser ausgefressenen Puppenhülle, sodass hinterher nicht, wie zu erwarten wäre, die ausgewachsene Gemüsefliege, sondern der Raubkäfer schlüpft. Damit aber noch nicht genug: Der schlüpfende

Käfer ernährt sich ebenfalls räuberisch von den Eiern und den Junglarven der Gemüsefliegen. Andere Kurzflüglerlarven ernähren sich von anderen Beutetieren, die sie ebenfalls zahlreich frei im Boden lebend finden.

Vorkommen: In Europa unterscheidet man ca. 4000 unterschiedliche Arten, weltweit gibt es etwa 30 000.

Schutz und Förderung: Kurzflügler sind vorwiegend versteckt lebende Insekten. Wir können sie schützen, indem Barrieren (z. B. hohe Trennkanten) oder Fallen (z. B. ungesicherte Kellerschächte) so gut wie möglich beseitigt oder abgedeckt werden. Diese Maßnahmen schonen auch viele andere bodenbürtige Nützlinge.

Einige Beispiele

1 Zweifellos einer der schönsten Vertreter der Kurzflügler ist der *Staphilinus caesareus*, der schimmernde Goldmakeln auf dem unbedeckten Hinterleib aufweist. Er stellt auch größeren Schädlingen wie Kohlweißlingsraupen nach.

2 Im Gemüsegarten werden kleinere Kurzflüglerarten *(z. B. Aleochara bilineata)* sehr nützlich, weil nicht nur die flinken Käfer Insekten nachjagen, sondern bereits die Larven schon die Tönnchenpuppen der schädlichen Gemüsefliegen parasitieren.

3 Auch die walzenförmigen Kurzflüglerlarven sind ähnlich räuberisch veranlagt wie die Käfer und leben vielfach im Boden oder in Bodennähe, wo sie sich versteckt halten.

1

2

3

Weichkäfer und Ohrwürmer

Weichkäfer *(Cantharidae)*

Von der Systematik her sind die Weichkäfer sehr nah verwandt mit der vorgenannten Käferfamilie. Sehr ähnlich ist auch deren Nützlichkeit für den Gärtner einzustufen.

Aussehen: Die Weichkäfer treten viel offener zutage als die Kurzflügler und sind unter dem volkstümlichen Namen Soldatenkäfer oder Franzosenkäfer bekannt. Die Larven sind oft schwarz behaart, walzenförmig und kurzbeinig. Zu dieser Familie gehören auch die berühmten Glühwürmchen *(Lampyridae)*, deren Larven sich von kleinen Schnecken ernähren.

Lebensweise: Die Weichkäfer sind zwar etwas schwerfällige Flieger, jagen aber Blattläuse, Schmetterlings- und Blattwespenlarven in großer Menge »zu Fuß«. Mit den sichelförmigen Oberkieferzangen streifen sie Blattläuse von den Nadeln der Koniferen oder schaben diese von den Blättern. Die Eiablage der Käfer zieht sich zumeist vom Frühjahr bis in den Sommer.

Die Larven leben oft in langen, selbst gegrabenen Röhren im Boden, die sie auch als Fallgrube für ihre Beute nutzen. Sie ernähren sich von Schnecken, Raupen und Bodeninsekten im und auf dem Boden. Einige Arten sind weitgehend winterhart und tauchen bereits während der Schneeschmelze auf, was ihnen den Namen »Schneewürmer« eingebracht hat. Das Puppenstadium durchlaufen sie meist während der Wintermonate in Bodenhöhlen.

Vorkommen: In Deutschland gibt es etwa 70 Weichkäferarten, weltweit ca. 4000.

Schutz und Förderung: Durch aufmerksame Beobachtung kann man diese auffällig schwarzrot bis ocker gefärbten tagaktiven Nützlinge erkennen und von den Schädlingen unterscheiden.

Ohrwürmer *(Dermaptera)*

Aussehen: Die Ähnlichkeit zwischen Ohrwürmern und Kurzflüglern wurde bereits erwähnt. Doch die Ohrwürmer bilden eine eigene Ordnung und zählen nicht zu den Käfern. Sie zwicken auch niemanden ins Ohr – außer bei Wilhelm Busch. Beim Ohrwurm gleichen die fertigen Insekten und Larven – das Puppenstadium entfällt – einander sehr. Die Zange am Hinterleibsende ist beim Männchen stark gekrümmt, beim Weibchen fast gerade. Vielfach sind Flügel vorhanden, außer bei den Larven, doch fliegen Ohrwürmer selten.

Lebensweise: Die Zange am Hinterleibsende dient bei der Paarung zum Festhalten des Partners. Die Ohrwürmer sind nachtaktiv und suchen tagsüber Unterschlupf und Flächenkontakt an Rücken und Bauch, bevorzugt in feuchten Bereichen. Sie leben nicht nur von toten und lebenden Insekten, wie Blatt- und Blutläusen, Schmetterlingseiern, kleinen Raupen o. Ä., sondern naschen auch an zarten Pflänzchen und Früchten aller Art – bei massenhaftem Auftreten können sie auch manchmal zum Problem bei Beeren oder Kernobst werden.

Vorkommen: Von den vielen, auf der Erde vorkommenden Ohrwurmarten, leben bei uns in Deutschland nur acht. Außer der in unseren Gärten weit verbreiteten Art, gibt es keine weiteren, die für uns von Bedeutung wären.

Schutz und Förderung: Die vielfach aufgehängten, mit Stroh gefüllten »Nistglocken« können im akuten Fall bei der Blattlausbekämpfung recht hilfreich sein. Es sollte aber immer bedacht werden, dass Ohrwürmer auch pflanzliche Nahrung nicht verschmähen (s. S. 54)!

Einige Beispiele

1 Die Larve des **Schneewurms** *(Cantharis fusca)* hat sich darauf spezialisiert im Winter auf die Jagd nach kleinen Schnecken und überwinternden Blattläusen zu gehen. Zu dieser Jahreszeit gibt es weniger natürliche Feinde.

2 **Franzosen-, Schuster- oder Soldatenkäfer** sind 10 bis 15 mm lange Käfer. Sie können gut auf Bäume klettern, sind aber etwas schwerfällige Flieger.

3 Die Hinterleibszange der Ohrwürmer ist beim Männchen (oben) stark gekrümmt und beim Weibchen (unten) fast gerade.

1

2

3

Florfliegen

Aussehen: Wer kennt sie nicht, die zarten Tiere mit ihren meist grünen bis gelben Körpern und den vier filigran geaderten, großen Netzflügeln. Man nennt Florfliegen *(Neuroptera)* fälschlicherweise Fliegen. Denn während richtige Fliegen generell nur ein Paar Flügel besitzen, haben Florfliegen zwei. Die Bezeichnung ist daher volkstümlich, aber zoologisch nicht korrekt. Auffallend sind die hervorquellenden Augen, die nicht selten rot, braun oder golden schillern, weswegen die Florfliegen auch »Goldaugen« genannt werden.
Lebensweise: Die Bedeutung der ausgewachsenen Florfliegen als aktive Blattlausjäger ist eher gering (Ausnahme: *Chrysoperla carnea*). Die Larven sind dafür umso gefräßiger und nützlicher. Sie leben sehr räuberisch von anderen Insekten, meist Blattläusen, Räupchen, Insektenlarven und anderen Kleintieren, die nicht rechtzeitig fliehen können. Die Florfliegenlarven sind den Marienkäferlarven in Größe und Aussehen entfernt ähnlich. Man erkennt sie sehr leicht an den sichelförmigen, hohlen Kiefern mit denen sie ihre Opfer wie mit einer Zange links und rechts anstechen, festhalten und aussaugen. Die so ausgesaugten Überreste der Opfer werden mit einem Ruck über Kopf und Rücken nach hinten geschleudert. Die Larven praktizieren dadurch oft ein Täuschungsmanöver: Die ausgesaugten Überreste der Opfer landen oft in den langen Rückenborsten, bleiben dort hängen und tarnen die Larven als »wandelnden Blattlausfriedhof«.
Florfliegen legen ihre Eier einzeln oder zu mehreren – auch gebündelt – ab, etwa 20 Stück pro Tag, die sie aus Sicherheitsgründen mit einem langen Stiel auf jede Art von Unterlage kleben.
In wärmeren Zonen entwickeln Florfliegen drei Generationen pro Jahr, sonst nur zwei. Eine einzige Larve frisst während ihrer acht bis 18-tägigen Entwicklungsdauer 200 bis 500 Blattläuse oder stündlich 30 bis 50 Apfelbaumspinnmilben! Sie verzehrt auch Blattsauger, Fliegenlarven, sogar die Eier verschiedener Insekten, Rüsselkäfer, Blattwespen und deren Larven, Milben, Thripse, Wollläuse, Raupeneier, kleine Raupen, Schildläuse und Blutläuse.
Die ausgewachsenen Larven bilden einen seidenartigen, weißen Kugelkokon (3 cm ∅), den sie auf einem gekrümmten Untergrund (z. B. Blattfalte, Zweiggabel) befestigen. Aus dem Kokon kommt zunächst eine »Nymphe« (ein Zwischenstadium). Aus dieser entwickelt sich dann erst innerhalb weniger Stunden die Florfliege.

Normalerweise überwintern Florfliegen als Vollinsekt in frostfreien Schlupfwinkeln im Freien, in Räumen oder unter Dächern.

Vorkommen: Die beiden wichtigsten Arten bei uns sind *Chrysoperla carnea* und *Chrysopa perla*. Unter den Netzflüglern gibt es 120 verschiedene Arten und Verwandte, die sich alle durch ihre aktive Jagd auf Insekten auszeichnen.

Schutz und Förderung: Alljährlich entdeckt man an Sonnentagen sogar noch im Winter Florfliegen, die zu mehreren an den Fenstern flattern und irritiert durch die Wärme des geheizten Raumes oder der Wintersonne ihre Winterruhe abgebrochen haben und meinen, dass es nun schon Frühling sei. Man kann dann versuchen, die Florfliegen vorsichtig mit einem feinen Pinsel in einem Glas oder ähnlichem Gefäß zu sammeln und in einem kühleren Raum (Keller, Speicher) wieder auszusetzen. Dort können sie dann ihren Winterschlaf fortsetzen. Im Frühjahr muss ihnen natürlich der Weg wieder aus diesem Raum in die Freiheit ermöglicht werden (Fenster kippen oder öffnen).

Die Florfliegen, die aus der Winterruhe kommen, sind ausgehungert und benötigen Blütenpollen, Nektar und den Honigtau von Blattläusen, Blattsaugern und Schildläusen. Deshalb sollten viele Blütenpflanzen zur Verfügung stehen.

Einige Beispiele

1 Mit ihrer Kieferzange sticht eine Florfliegenlarve eine Blattlaus beidseitig an und saugt sie dann aus.

2 Florfliegen wirken stets zart und zerbrechlich. Sie legen ihre Eier gerne in der Nähe von Beuteinsekten ab.

3 Die Larven der **Kamelhalsfliege** (*Raphidia ophiopsis*) leben in den Gängen der Borkenkäfer und ernähren sich von diesen.

1

2

3

Schwebfliegen

Aussehen: Auf den ersten Blick glaubt man fast, man habe es mit einer Wespe zu tun. Die lebhafte, typische, schwarz-gelbe Zeichnung auf dem Körper der Fliege dient zur Tarnung – als Mimikry. Sie schützt vor dem Angriff von Feinden. In der großen Familie der Schwebfliegen *(Syrphidae)* findet man von zierlichen schlanken bis hin zu plumpen breiten viele verschiedene Körperformen. Viele haben diese mehr oder weniger stark ausgeprägte, schwarz-gelbe Musterung. Sie werden deshalb nicht selten mit Bienen, Wespen oder Hummeln verwechselt. Wenn man sie aber fliegen sieht, weiß man sofort, wen man vor sich hat. Durch einen äußerst schnellen Flügelschlag gelingt es der Schwebfliege längere Zeit im Flug auf der Stelle zu verharren – zu »schweben« (daher der Name). Dann wechselt sie blitzschnell den Standort und bleibt wiederum in der Luft stehen.

Lebensweise: Die Fliegen selbst sind Blütenbesucher und ernähren sich von Nektar und Pollen. Auf diese Weise spielen sie bei der Bestäubung der Blüten, wie Bienen, eine wichtige Rolle. Ein einziges Schwebfliegenweibchen kann bei einem reichen Angebot an Blütenpollen bis zu 1000 Eier (!) in der Nähe von Blattläusen ablegen.

Die Larven der Schwebfliegen sind ebenso vielgestaltig und vielfarbig wie die fertigen Fliegen. Der Körper ist etwas walzenförmig, nur vorne spitz zulaufend. Sie sind kopflos. Was der oberflächliche Betrachter vielleicht als Kopf ansieht, ist meist das Gegenteil. Wenn sie sich aufrichten, um ihre Beute auszusaugen, sehen sie ähnlich wie Seehunde aus, die einen Ball auf der Nasenspitze balancieren. Die Schwebfliegenlarve vollführt auf der Suche nach Beute mit ihrem spitzen Vorderende halbkreisförmige, hin und her tastende Bewegungen nach allen Seiten, um so ihr Opfer zu finden. Stößt sie dabei auf ein geeignetes Tier, so packt sie es mit dem kräftigen Mundhaken, hebt es hoch und saugt es aus. Die Larve ist in der Lage, so ganze Bäume nach geeigneten Beutetieren abzusuchen. Neben Blattläusen sind das Blutläuse, Räupchen, kleine Käferlarven und Spinnmilben. Sie verzehrt während ihrer 8 bis 15 Tage dauernden Entwicklungszeit 400 Blattläuse, manchmal bis zu 100 Stück an einem einzigen Tag! Pro Jahr haben die Schwebfliegen bis zu fünf Generationen. Das heißt, die Zahl von 400 Blattläusen muss mit der Zahl der jährlichen Generationen noch multipliziert werden. Um aber auf den tatsächlichen

Wert einer einzigen Schwebfliege im Sinne des Pflanzenschutzes zu kommen, muss dieser Wert immer noch mit der Zahl der potenziell abgelegten Eier multipliziert werden (mal 1000!).

Vorkommen: Manche Schwebfliegenarten tauchen schon sehr früh im Jahr auf und verzehren die ersten Blattläuse. Andere kommen später, sodass die Reduzierung bzw. die Abwehr der Blattläuse übergreifend zwischen den einzelnen Generationen und fortlaufend während des ganzen Jahres stattfindet, solange es eben Blattläuse gibt.

Schutz und Förderung: Bei der Abwehr von Blattlausbefall kommt den verschiedenen Schwebfliegenarten eine ebenso hohe wirtschaftliche Bedeutung zu wie Florfliegen und Marienkäfern. Dabei spielt jedoch das Nahrungsangebot an Blüten und Pollen im Frühjahr eine große Rolle. Es beeinflusst, wie viele Eier die Weibchen ablegen. Deshalb sei hier darauf hingewiesen, wie verheerend die Folgen einer unbedachten Behandlung der Pflanzen mit biologischen oder chemischen Pflanzenschutzmitteln gerade im Frühjahr, zu Beginn des Populationsaufbaues sein können, sowohl für Schwebfliegen als auch für andere Nützlinge. Man lässt sich enormen Nutzen dadurch entgehen.

Einige Beispiele

1 Farbenprächtig und feingliedrig: Schwebfliegen spielen bei der Blütenbestäubung eine wichtige Rolle.

2 Durch schnellen Flügelschlag vermag die Schwebfliege auf der Stelle in der Luft stehen zu bleiben, um im nächsten Moment im Zickzack davon zu fliegen und erneut anderswo in der Luft zu verharren.

3 Schwebfliegenlarven sind effektive Blattlausfresser. Sie haben keinen Kopf, sondern ertasten und ergreifen die Beute mit ihren Mundhaken.

1

2

3

Raupenfliegen

Aussehen: Raupenfliegen *(Tachinidae)* unterscheiden sich rein äußerlich kaum von einer Stubenfliege, was das Erkennen für den Laien schwierig macht. Nur manche Arten fallen wegen ihres struppigen Haarbesatzes auf.

Lebensweise: In der Natur sowie in der Land- und Forstwirtschaft sind die Raupenfliegen von großer wirtschaftlicher Bedeutung. Sie bilden ein natürliches Regulativ gegen die übermäßige Vermehrung einzelner Insektenarten und sind als Parasiten von Schmetterlingsraupen von hohem Wert!

Die Weibchen der Raupenfliegen legen ihre Eier an oder in die Wirtstiere ab. Manche Arten legen die zahlreichen, winzigen Eier (1 bis 2 mm) aber auch auf die Futterpflanzen ihrer Wirtstiere ab, von wo sie mit der Nahrung aufgenommen werden und in den Körper ihrer Opfer gelangen. Andere legen ihre Eier nur in der Nähe von Schmetterlingsraupen ab, die dann aktiv von den schlüpfenden Larven gesucht werden, um sich in diese hineinzubohren. Solchermaßen parasitierte Raupen sind an dem dunklen Einstiegsfleck zu erkennen.

Die Raupenfliegenlarven setzen sich, je nach Art, an unterschiedlichen Stellen im Körper der Raupe fest. Die einen durchlaufen innerhalb ihres Wirtstieres ihre ganze Entwicklung, überwintern dort auch noch und vollziehen mit ihm die Puppenentwicklung. Kurz vor dem Schlupf des Falters aus der Puppe töten sie ihr Opfer dann erst ab. Andere Arten fangen sofort an, die Raupen von innen her zu zerstören. Während im letzten Fall die Verpuppung der Raupenfliegenlarve außerhalb der Raupe erfolgen muss, sorgt im ersten Fall die Tatsache für Überraschung, dass aus der vermeintlichen Schmetterlingspuppe kein Schmetterling schlüpft - wie erwartet - sondern das »Tönnchen« einer Raupenfliegenpuppe herausfällt.

Im Körper einer Schmetterlingsraupe können Raupenfliegenlarven einzeln oder auch zu mehreren leben (ein Dutzend oder mehr) bzw. diese parasitieren. So werden die Raupen von vielen Pflanzenfressern, wie Gespinstmotten, Frostspanner, Goldafter, Wickler (z. B. Apfelwickler), Eulen (z. B. Gammaeule), Ringelspinner, Schwammspinner, Kohlweißling und Maiszünsler, von den unterschiedlichen Raupenfliegenarten befallen. Das ist von außen zunächst kaum erkennbar, da die Raupen ja noch leben. Sie sind nur etwas träger in ihren Bewegungen.

Andere Raupenfliegen parasitieren Käfer, respektive den Kartoffelkäfer oder verschiedene Arten abwechselnd.

Vorkommen: Raupenfliegen sind mit etwa 500 Arten in Europa eine sehr artenreiche Nützlingsgruppe. Bei jedem größeren Raupenfraß in Wald und Flur stellen sich die Raupenfliegen in entsprechenden Mengen ein und helfen den Schädling wieder auf ein tragbares Maß zu reduzieren.

Schutz und Förderung: Die ausgewachsenen Tiere leben von natürlichen Süßigkeiten, wie Nektar, »Honigtau« (zuckerhaltige Ausscheidung von Pflanzensaugern), beschädigten Früchten, usw. Das Belassen von möglichst vielen Blütenpflanzen, vor allem Doldenblütlern und Hülsenfrüchtlern, wie Lupine und Phazelie, verbessert also die Lebensbedingungen für Raupenfliegen und darüber hinaus auch die für Schweb- und Florfliegen (s. S. 24 und 26).

1

2

3

Einige Beispiele

1 Diese Raupenfliege unterscheidet sich äußerlich kaum von einer Stubenfliege. Sie hat aber einen ganz anderen Lebensraum und kommt kaum in der »Stube« vor.

2 Rechts sieht man zum Vergleich eine äußerlich unbeschädigte Schmetterlingspuppe. In der geöffneten Schmetterlingspuppe links (zwei Teile) offenbart sich im Inneren eine Raupenfliegenpuppe, was im geschlossenen Zustand nicht zu erkennen war!

3 Die Eier der Raupenfliege sehen wie unscheinbare Pflanzenschuppen aus: Auch das ist Tarnung! Berührt die Raupe eine Futterpflanze, auf der die Raupenfliege ihre Eier abgelegt hat, so fallen diese herunter, setzen sich an ihr fest und bohren sich hinein.

Raubwanzen

Auf und von Pflanzen leben viele verschiedene Wanzenarten. Neben den bekannten Pflanzenschädlingen gibt es auch einige räuberisch lebende Arten und Gattungen.

Aussehen: Die Raubwanzen *(Heteroptera)* sind teils lebhaft gemusterte, bunt gefärbte Insekten mit lederartigen Flügeldecken, die in dem typischen, auffälligen dreieckigen Schildchen (Scutellum) auf dem Rücken zusammengeführt sind. Sie haben kräftige, für die Jagd geeignete Vorderbeine und einen wehrhaften dreigliedrigen Rüssel (fachlich: »Schnabel«, daher auch der Name, Schnabelkerfe), mit dem sie ihre Opfer anstechen und aussaugen. Auffällig sind auch die meist vier- bis fünfgliedrigen, geknieten langen Fühler.

Lebensweise: Typisch für den Entwicklungsverlauf der Raubwanzen ist die stufenweise Annährung des Aussehens der Larven an das Vollinsekt, mit den früh erkennbaren stummelartigen Flügelansätzen. Ein Puppenstadium, wie bei anderen Insekten, fehlt bei den Wanzen allgemein. Ihr Nutzen für den Menschen liegt darin, dass sie sich schon von den frühesten warmen Sonnenstrahlen im Frühjahr bis zu den bereits kühlen Tagen im Herbst von vielen Schädlingsarten ernähren, etwa Spinnmilben, Blattläusen aller Entwicklungsstadien, von Insekteneiern, kleinen Raupen (Wickler, Gespinstmotten), Blutläusen, Blattsaugern, Zikaden, usw.

Die **Blumenwanze** *(Anthocoris nemorum)* beispielsweise ist in der Lage bis zu 100 Spinnmilben pro Tag auszusaugen. Sie lebt auch von Blattsaugern, Blattläusen und kleinen Raupen. Mit dem kräftigen, viergliedrigen Mundstachel, den sie an die Körperunterseite einklappen kann, werden die Beutetiere regelrecht erdolcht und dann ausgesogen.

Zwar winzig von Gestalt, doch groß an Bedeutung für die natürliche Schädlingsbekämpfung ist der **Kleine Put** *(Orius minutus)*. Seiner geringen Körpergröße von etwa 2,5 mm entsprechend, macht er nur auf kleine Insekten Jagd, wie Spinnmilben, junge Blattläuse und kleine Raupen. Noch bevor sich im Frühjahr die Knospen öffnen, ist der Kleine Put bereits unterwegs und saugt mit seinem Rüssel die Eier von Spinnmilben aus. Andere Raubwanzen saugen mit ihrem Rüssel Kartoffelkäfer- oder Kiefernblattwespenlarven aus. Man hat schon mehrfach die Erfahrung gemacht, dass Raubwanzen starke Populationen von Spinnmilben oder Blattläusen in Obstanlagen zusammenbrechen ließen und damit Probleme abgewendet haben, nachdem der Einsatz von anderen Maßnahmen ohne Erfolg geblieben war!

Vorkommen: Es gibt bei uns etwa 50 verschiedene räuberisch lebende Wanzenarten. Sie kommen natürlich nur dort vor, wo es auch Schädlinge gibt.

Schutz und Förderung: Viele dieser Raubwanzen treten auch in unseren Gärten auf, wie die erwähnte hübsch gemusterte Blumenwanze. Bei aufmerksamer Beobachtung kann man sicher die eine oder andere auf ihren Raubzügen beobachten und sie gewähren lassen. Mit Hilfe einer 10-fachen Lupe kann man bereits im Winter die Eier von Raubwanzen auf der Rinde von (Obst-) Zweigen erkennen: Sie sind gelb und länglich, mit einer Längsnaht.

Einige Beispiele

1 Eine der schönsten Raubwanzen in unseren Breiten ist die **Blumenwanze** *(Anthocoris nemorum)*. Sie hat hier mit ihrem dolchartigen Rüssel eine Schädlingsraupe angegriffen und saugt sie nun aus.

2 Zwei Raubwanzen (*Picromerus bidens*) beim Streit um die Beute, eine Blattwespenlarve. Auch hier wird der kräftige Rüssel wie ein Dolch eingesetzt.

3 Eine Raubwanze *(Anthocoris nemorum)* sticht mit ihrem dolchartige Rüssel (»Schnabel«) in eine geflügelte Blattlaus und saugt sie aus.

1

2

3

Schlupfwespen

Aussehen: Schlupfwespen *(Ichneumonoidea)* sind winzig bis groß (0,5 bis 30 mm) und zierlich gebaut; oftmals schimmern sie anmutig metallisch bunt. Ihre Bedeutung für die natürliche Schädlingsbekämpfung ist jedoch trotz ihrer winzigen Gestalt enorm!

Lebensweise: Ihre Lebensweise ist bis in feinste Details auf ein ausschließliches Parasitenleben abgestimmt. Ähnlich wie schon bei der Raupenfliege beschrieben, legen die Schlupfwespen ihre Eier mittels eines Legestachels in das Ei, in die Larve oder in die Puppe eines anderen Insektes ab. Sie können aber auch nur außen angeheftet oder in der Nähe abgelegt werden. Manche Schlupfwespen sind bei der Auswahl ihres Wirtes auf eine ganz bestimmte Art angewiesen. Andere wiederum sind nicht so wählerisch und bestiften die verschiedenen Opfer mit einem oder gleich mit mehreren Eiern. Die Art und Weise wie diese Parasitierung erfolgt, soll folgendes Beispiel erläutern:

Die Kohlweißlingsraupe *(Pieris brassicae)* wird von einer Schlupfwespe mit dem Namen *Apanteles (= Cotesia) glomeratus* parasitiert. Die *Apanteles* gehört zur Schlupfwespengruppe der Brackwespen *(Braconidea*, auch Raupenwespen genannt), bei der die Wirtstiere, z. B. eine Raupe, mit einem Ei bestiftet werden. Aus diesem Ei schlüpfen nach und nach bis zu 20 *Apanteles*-Larven. Es können auch mehrere Eier auf einmal in eine Raupe abgelegt werden.

Sobald die Schlupfwespenlarven ihre Entwicklungsstufen (meist vier Larvenstadien) durchlaufen haben, bohren sie sich aus der ausgezehrten Raupe aus, um sich außerhalb zu verpuppen. Innerhalb weniger Tage der Puppenruhe entwickeln sich die Schlupfwespenlarven zur fertigen Wespe. Die schlüpfenden Wespen sind kaum größer als die vormaligen Larven. Bei einer anderen Variante der Verpuppung spinnt die Schlupfwespe ihren Kokon zwischen die Überreste des ehemaligen Wirtstieres, z. B. einer Blattlaus, und den Untergrund. Das ehemalige Wirtstier dient der Schlupfwespenpuppe nur zur Tarnung, zum Schutz vor Feinden. Auch Blattsauger werden ebenfalls von Schlupfwespen parasitiert. Lange vor dem Schlüpfen der Wespe ist dies durch eine auffallende Braunverfärbung des Wirtes von außen erkennbar.

Vorkommen: In Europa unterscheidet man etwa 10 000 verschiedene Schlupfwespenarten. Von vielen ist die Biologie noch immer unerforscht.

Da sie Schadinsekten vernichten, sind sie für den Erwerbsanbau von großem wirtschaftlichen Wert. Allen voran *Encarsia formosa*, die sehr erfolgreich im Gewächshaus, im Wintergarten, am Blumenfenster, gegen Weiße Fliege eingesetzt wird (s. S. 64). Es gibt kaum eine Insektenart (nicht einmal sie selbst ausgenommen!), die nicht von Schlupfwespen parasitiert werden könnte!

Schutz und Förderung: Oft kommen die Nützlinge ja von selbst, wenn man ihnen nur genügend Spielraum zum Leben lässt. Vor allem sollte man Schlupfwespen erkennen und entdecken lernen, vor den verheerenden Nebenwirkungen von Pflanzenschutzmitteln schützen und sie besser gewähren lassen. Denn Schlupfwespen findet man überall, wo es Insekten gibt, aber nur die Eingeweihten finden ihre Verstecke. Einige Hinweise machen jedoch auf ihre Anwesenheit aufmerksam: Befinden sich neben einer abgestorbenen Raupe tönnchenähnliche Gebilde, so deutet dies darauf hin, dass die Raupe durch Schlupfwespen oder ähnliche (z. B. Raupenfliegen) parasitiert und abgetötet wurde. Die Kokons sind ganz unterschiedlich gefärbt und haben verschiedene Formen. Oftmals ist die abgetötete Raupe auch dicht von Schlupfwespenkokons umlagert. Die Raupen schrumpfen dabei oft bis zur Unkenntlichkeit zusammen. Nur noch die ausgetrocknete Hülle bleibt übrig.

Einige Beispiele

1 Die Bürstenbinderraupe ist ein sehr gefräßiger Obstbaumschädling, hier wird sie von einer Brackwespen-Art parasitiert. Die Raupe lebt und bewegt sich sogar noch, wenn sich die Schlupfwespen aus der Raupe ausgebohrt haben. »Nur« ihr Darmtrakt ist zerstört. Sie kann nun nicht mehr fressen und muss deshalb verhungern.

1

2

2 Die Larve dieser Schlupfwespe hat sich außen am Hals einer Wicklerraupe festgesetzt (Ektoparasit). Sie macht alle Bewegungen und Lebensvorgänge der Raupe mit. Erst kurz vor der Verpuppung der Raupe tötet sie diese ab.

3

3 Eine scheinbar unbeschadete Wicklerraupe regt sich auf der Unterseite eines Apfelblattes. Daneben ist eine weiße Tönnchenpuppe festgesponnen: Nachdem sie den Verdauungstrakt der Raupe zerfressen hatte, hat sich eine Schlupfwespe aus der Raupe ausgebohrt und daneben in dem Tönnchen verpuppt. Die Raupe kann jedoch nichts mehr fressen und wird verhungern.

4

4 Das Weibchen einer Schlupfwespe *(Figadeuon sp.)* sitzt auf dem Puppentönnchen einer Zwiebelfliege und legt mit ihrem Legestachel ein Ei in diese ab. Der Puppenparasit nützt die Puppenruhe der Fliege aus und verlebt seine ganze Larvenentwicklung dort, indem er die Puppe ausfrisst. Am Ende verlässt die fertige Schlupfwespe die Puppe wieder.

5 Die Blattlauskolonie auf der Unterseite dieses Pflaumenblattes wurde bereits von einer Schlupfwespe mit Eiern bestiftet. Das erkennt man daran, dass sich einzelne Blattläuse bereits von hellgrün leicht nach gelb bis hellbraun verfärbt haben. Etwa zehn Tage später wird die große Leistung einer winzigen Schlupfwespe bei der Vertilgung von Blattläusen ganz offensichtlich, wenn kaum noch grüne Blattläuse zusehen sein werden.

6 Die völlig ausgezehrte Raupe eines Kohlweißlings, eines Schmetterlings also, steckt hier wie in einem Schaumbad. Doch der Schein trügt: Das Weibchen einer Schlupfwespe aus der Familie der Braconiden hat die Raupe mit über 20 Eiern bestiftet. Die geschlüpften Larven haben dann die Raupe ausgefressen und getötet und sich anschließend in ein gemeinsames weißes Gespinst aus Spinnfäden zur Verpuppung eingesponnen.

7 Die Reste einer vollkommen ausgezehrten Raupe befinden sich unweit der braunen Schlupfwespenpuppe. Die vormalige Schlupfwespenlarve hat die Raupe ausgefressen und sich zur Verpuppung nebenan festgesetzt. Tage später schlüpft aus diesem Kokon die Schlupfwespe heraus.

Gallmücken

Aussehen: Die Gallmücke *(Aphidoletes aphidimyza)* ist mit ihren 1 bis 2 mm Größe und ihrem unscheinbaren Auftreten im Freien sehr schwer zu erkennen, eigentlich nur dann, wenn man intensiv nach ihr sucht, da sie nur nachts aktiv ist. Diese Gallmücken haben sehr lange dünne Beine und sind sehr zierlich gebaut. Auffällig sind die langen, nach hinten gebogenen, perlschnurartigen Fühler des Männchens, während die des Weibchens kürzer sind. Der Körper ist dunkelbraun und wird nach hinten rötlich. Ihre räuberisch lebenden Larven sind durch ihre auffällig orangerote Farbe in den Blattlauskolonien leicht zu erkennen und zu finden, obwohl sie ebenfalls nur 1 mm groß sind.

Lebensweise: Gallmücken *(Itonididae)* sind allgemein oft nur als Gallen bildende Kulturschädlinge bekannt, weniger als Nützling. Die Larven der Gallmückenart, die hier beschrieben wird, machen Jagd auf Blattläuse, Blattsauger, Spinnmilben oder leben auch als sogenannte Inquilinen, das heißt, sie ernähren sich von Gallen bildenden Artgenossen. Zur Verpuppung bohren sie sich in den Boden. Nach mehreren Tagen schlüpfen die fertigen Gallmücken. Sie verbringen den Tag zwischen Pflanzen an dunklen Stellen oder auch geschützt mit den Vorderbeinen in einem Spinnennetz hängend, aus dem sie sich am Abend wieder befreien. Sie sind während der Dunkelheit aktiv und ernähren sich von Honigtau und ähnlichen Pflanzensäften. Die Überwinterung findet als Larve in einem Erdkokon statt, wo sie mäßige Wintertemperaturen gut übersteht. Eine andere räuberische Gallmücke ist auf Spinnmilben als Nahrung angewiesen: *Feltiella acarisuga*. Im Aussehen gleicht sie natürlich der vorgenannten Art sehr und ist auf Anhieb nicht zu unterscheiden.

Das Weibchen legt in der Dämmerung bis zu 100 Eier z. B. in Blattlauskolonien hinein. Die schlüpfenden Larven mischen sich unter die Blattläuse und lähmen zunächst nur eine nach der anderen mit einem Stich ihres Mundstachels in das besonders stark durchblutete Kniegelenk eines Hinterbeines der Blattlaus. Dabei stechen sie die Membrane zwischen den Hinterleibsringen an. Später saugen sie diese dann, je nach Größe des Angebotes und des Hungers, mehr oder weniger gründlich aus. Da die Gallmückenlarven – in des Wortes doppelter Bedeutung – unter den Blattläusen leben, sind sie auch vor dem Zugriff der »Blattlaus-Pfleger«, der Ameisen, geschützt.

Vorkommen: Die Gallmückenart, *Aphidoletes aphidimyza,* ist bei uns in der freien Natur überall dort zu finden, wo es auch Blattläuse gibt, das bedeutet fast überall. Das massenhafte Auftreten dieser Blattlausjäger führt oft zum Zusammenbruch einer ganzen Blattlauspopulation vor Ort.
Schutz und Förderung: Vor der mechanischen Beseitigung von Blattläusen sollte man zuerst schauen, ob nicht schon die kleinen roten Larven mitten in der Blattlauskolonie zu finden sind. Sie können aber auch von Züchtern für den Einsatz im Gewächshaus, im Wintergarten und bei der Innenraumbegrünung zur Bekämpfung von vielen verschiedenen Blattlausarten erworben werden (s. S. 68).

Einige Beispiele

1 Diese Larve einer Gallmücke betäubt Blattläuse, indem sie ihnen mithilfe ihres Mundstachels ein giftiges Speichelsekret an einer gut durchbluteten Stelle, z. B. einem Knie, in die Blutbahn einspritzt.

2 In dieser Blattlauskolonie erkennt man die Gallmückenlarven als kleine rote Punkte unter den Blattläusen. Wie viele der erkennbaren Blattläuse bereits gelähmt und bewegungsunfähig sind, ist auf dem Bild zwar nicht genau zu erkennen, aber man kann sicher davon ausgehen, dass sie kaum mehr Schaden anrichten können.

3 Das Weibchen einer räuberischen Gallmücke: Sie legt ihre bis zu 100 rosafarbenen durchsichtigen Eier mitten in eine Blattlauskolonie ab. Nach ein bis zwei Tagen schlüpfen bereits die Larven, die sich gleich über die Blattläuse hermachen.

1

2

3

Raubmilben

Von der Systematik her gehören die Raubmilben *(Arachnida)* zwar nicht mehr in das Reich der Insekten, denn sie bilden eine eigene Ordnung. Sie haben jedoch in den vergangenen Jahren an Popularität bei den Hobbygärtnern gewonnen, da sie als natürliche Feinde der Spinnmilben sehr effektiv sind. Heute werden sie sogar schon in Massen gezüchtet und im Handel angeboten (s. S. 58).

Aussehen: Raubmilben fallen durch ihre flinke Art sich fortzubewegen auf. Sie laufen in aufgeregtem Zickzacklauf umher. Sie sind unterschiedlich gefärbt, von eiweißfarben über orange bis rot und haben einen tropfenförmigen Körper von 1 mm Länge mit acht Beinen.

Lebensweise: *Phytoseiulus persimilis* ist eine auch in der Natur weit verbreitete Raubmilbenart, die jedoch besonders im Gewächshaus bei hoher Temperatur (ca. 25 °C) und hoher Luftfeuchte erfolgreich Spinnmilben (z. B. Rote Spinne an Bohne oder Gurke) vertilgt und dort depotbildend langfristig wirksam bleibt.

Im Freiland, auf Obstbäumen, an Weinstöcken o. Ä., kommt eine Raubmilbenart mit dem Namen *Typhlodromus piri* natürlich vor. Sie macht Jagd auf die Rote Spinne *(Panonychus ulmi)* auf Obstbäumen oder der Rebe, auf Bohnenspinnmilben *(Tetranychus urticae)*, Kräuselmilben, Pockenmilben, junge Schildlauslarven und Thripse. *Typhlodromus piri* kann mit Ruten bzw. Blättern von einem Garten in den anderen transportiert werden. Das Besondere an dieser Raubmilbenart ist, dass sie auch ohne Spinnmilbennahrung überleben kann, indem sie sich von Weichhaut- und Pockenmilben, Thripsen oder auch von Blütenpollen, Pilzhyphen und Pilzsporen ernährt. Das befruchtete Weibchen überwintert in Rindenritzen oder ähnlichen Öffnungen hinter der Borke.

Auch die gefürchteten Blüten-Thripse werden durch eine Reihe verschiedener Raubmilbenarten *(Amblyseius)* in Schach gehalten.

Zu einer weit verbreiteten Art gehören die kleinen, auffälligen »roten Flitzer«, die uns besonders im Sommer auf den Plattenbelägen im Garten immer wieder auffallen, weil sie scheinbar ziellos, nervös (lateinisch: agilis) hin und her laufen. Das ist die **Strahlenmilbe** *(Anystis agilis)*, die alle Stadien von Thripsen, Spinnmilben und Blattläusen auf allen Pflanzen aussaugt. Sehr ähnlich sieht auch die **Samtmilbe** aus *(Trombidium holosericeum)*, mit der man sie verwechseln kann. Sie ist aber größer (4 mm) und ebenso nützlich.

Vorkommen: Raubmilben kommen, mit rund einem Dutzend verschiedener Arten, zahlreich frei in der Natur vor, z. B. als Spinnmilbenfresser im Garten- und Weinbau. Sie sind nur schwer zu entdecken - mit Ausnahme der beschriebenen Strahlen- und Samtmilben. Raubmilben können ebenfalls in Massen gezüchtet werden und werden im Handel zum Kauf für die unterschiedlichen Bedingungen und Zwecke fürs Gewächshaus angeboten.

Schutz und Förderung: Raubmilben spielen inzwischen im Freiland und Unterglasanbau eine so bedeutende Rolle, dass dort früher vielfach übliche Abwehrmaßnahmen heute unterbleiben können. Leider werden Raubmilben, wie z. B. die Strahlenmilbe (*Anystis agilis)* im Garten oft nicht erkannt, mit Schädlingen verwechselt und unnötig verfolgt.

Einige Beispiele

1 Die Raubmilbe *Thyphlodromus piri* ist sehr flink unterwegs und erst mit dem bloßen Auge zu erkennen, wenn man sie vorher einmal mit der 10-fach-Lupe gesehen hat. Die rote Raubmilbe rechts im Bild saugt gerade eine Bohnenspinnmilbe aus.

2 3 Die **Samtmilbe** *(Trombidium holocericeum)* ist 3 bis 4 mm groß und besitzt einen knallroten Körper, der deutlich strukturiert ist und samtartig schimmert, daher der Name. Weil sie so flitzen, heißen sie auch Laufmilben. Im ersten Nymphenstadium hängen sie sich an Insekten, wie Blattläuse, Weberknechte oder, wie im Bild 3 zu sehen, an einen Rüsselkäfer fest und saugen an gut durchbluteten Körperstellen ihrer Opfer. Aus einem kurzen Ruhestadium im Boden entwickelt sich die zweite Nymphe (»Larve«), die der fertigen Milbe schon sehr ähnlich ist. Von da an macht sie schon Jagd auf Insekten.

Spinnen

Auch Spinnen *(Araneae)* gehören nicht zu den Insekten, sondern werden in der Systematik den Spinnentieren zugerechnet. Jedoch kommt ihnen eine so große Bedeutung als Schädlingsvertilger zu, dass sie hier unbedingt Erwähnung finden müssen.

Aussehen: Spinnen haben acht Beine, die oft behaart sind und mitunter auch gemustert sein können. Sie besitzen bis zu acht Augen, wobei die Mittelaugen am wichtigsten sind.

Lebensweise: Spinnen bauen ihre Netze in verschiedenen Techniken, für die unterschiedlichen Fangmethoden. Manche bauen keine, sondern jagen ihre Beute zu Fuß oder im Sprung. Sie sind raffinierte Insektenräuber. Da beißende Mundwerkzeuge fehlen, muss die Nahrung vorher mit einem enzymhaltigen Verdauungssaft vorverdaut werden. Die Mundklauen dienen ihnen dabei zum Festhalten. Spinnen sind meist Landbewohner. Einige Beispiele:

Im Radnetz einer **Kreuzspinne** können z. B. viele Hundert geflügelte Blattläuse zappeln. Gerade im Herbst gehen damit viele Blattlausweibchen in die Falle, die gerade dabei sind, ihre jeweils 20 bis 30 Eier umfassende Brut für das kommende Jahr auf die Rinde von Bäumen und Sträuchern abzulegen. Kreuzspinnen können auch recht große Beutetiere vertilgen, wie die Pflanzen fressende Beeren- oder Stinkwanze mit einer Länge von 20 mm oder auch ausgewachsene Eulenraupen (< 3 cm). Kreuzspinnen lähmen ihre Opfer mit einem Stich aus einer Giftdrüse. Das Gift wirkt jedoch kaum beim Menschen, sondern nur bei den Beutetieren.

Die **Kürbiskreuzspinne**, wegen der Form und Farbe ihres Leibes so genannt, baut im Herbst einen Ei-Kokon, in den etwa 600 Eier zur Überwinterung gelegt werden. Im Frühjahr schlüpfen dann die kleinen Spinnen.

Die **Haubennetzspinnen** *(Theridiidae)* bauen eine kugelförmige »Kinderstube«, die wie ein Haubennetz aussieht, in dessen Wände viele paralysierte (gelähmte) Blattläuse eingewoben werden. Sie dienen als Nahrungsvorrat und gleichzeitig als »Schutzmauer« für die junge Brut.

Spinnen können sich an einem kaum sichtbaren Faden durch den Raum bewegen. Sie ziehen sich beim Klettern daran hoch, seilen sich blitzschnell an ihm wieder ab oder sie lassen sich vom Wind daran über große Strecken tragen. Weniger bekannt ist die Fähigkeit der **Krabbenspinnen** *(Thomisidae)* den Spinnfaden auch wie mit einer Harpune zu schleudern. Die Spinne bringt dazu die Spinndrüse an ihrem Hinterleib so in »Abschussposition«, dass durch die nach oben gerichtete Luftbewegung (Thermik) der Spinnfaden ins Ziel getragen wird und dort kleben bleibt. Anschließend klimmt sie an dem Faden nach oben.

Auch die **Zwergspinnen** *(Erigoninae)* bauen keine Netze. Sie jagen ihre Beute zu Fuß, indem sie ihr Opfer zunächst lähmen und wie ein Paket mit Spinnfäden verschnüren, um es festzuhalten und dann später auszusaugen. Meist sind sie weniger als 1,5 mm groß.

Die **Weberknechte** *(Opiliones)* sind weithin bekannt wegen ihrer langen, staksigen Beine, mit denen sie sich graziös schwingend fortbewegen. Auf Bäumen und Sträuchern sind sie erstaunlich behände Kletterer und Jäger. Weberknechte ernähren sich auch von Insekten und Spinnmilben, die sie sowohl tot als auch lebendig zu sich nehmen. Leider werden sie von uninformierten Menschen grundlos verfolgt.

Vorkommen: Es gibt etwa 40 000 Spinnenarten und damit bilden sie eine der artenreichsten Gruppen. Allein in Deutschland leben ca. 1000 Arten. Spinnen kommen in fast allen Lebensräumen von Tier und Mensch vor. Man findet sie im Freien ebenso wie in Gebäuden, in Kellern, Gängen und auch in natürlichen Höhlen.

Schutz und Förderung: Fachleute betonen immer wieder die Nützlichkeit der Spinnen, nur macht die Öffentlichkeit offenbar gern den Wert eines Individuums auch von einer ästhetischen Erscheinung abhängig.

Einige Beispiele

1 Eine **Diadem-Kreuzspinne** mit ihrer äußerst dekorativen Hinterleibsmusterung hängt in Ihrem fein gesponnenen Netz, in dem zahlreiche geflügelte Blattläuse baumeln. Das Spinnennetz hat einen Durchmesser von ca. 30 cm, im Bild ist davon nur ein kleiner Ausschnitt zu sehen.

1

2

3

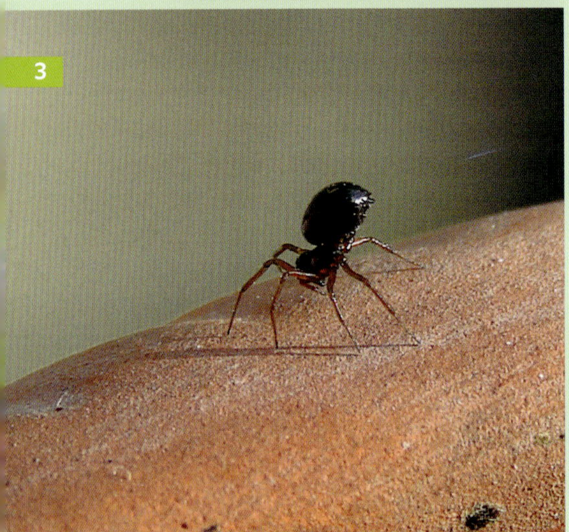

4

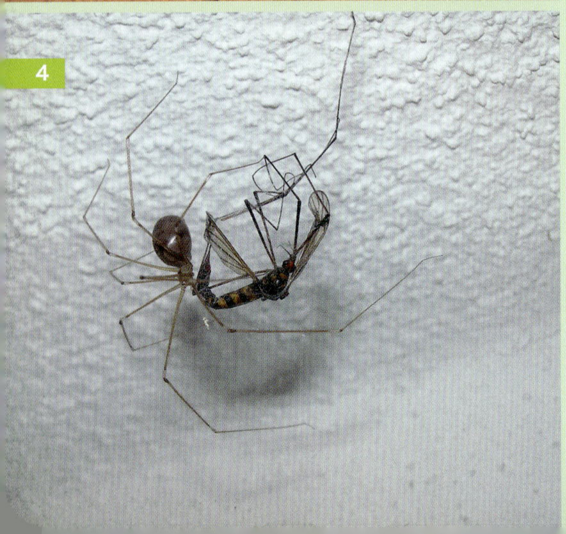

2 Im Garten begegnen wir häufig der **Kürbiskreuzspinne**. Sie macht Jagd auf allerlei Insekten, die nicht selten sogar größer sind als sie selbst.

3 Eine **Zwergspinne**, die ihren Hinterleib mit der Spinndrüse in »Abschussposition« gebracht hat, um einen Spinnfaden, gleich einer Harpune, auf den anvisierten Haltepunkt abzuschießen, der dort dann so kleben bleibt, dass sie sich daran in Windeseile hochziehen kann.

4 Eine **Zitterspinne** (*Pholcidae*) hat hier eine Wiesenschnake (*Tipula paludosa* - die Larven schädigen Graswurzeln, sodass Kahlstellen entstehen) mit ihren bis zu 3 cm langen Beinen angegriffen und mit Spinnfäden verschnürt, um sie auszusaugen. Zitterspinnen findet man vielfach im Bereich von dunklen feuchten Gemäuern, in Keller, Gewächshaus oder Schuppen.

5 Andere Spinnenarten bauen keine Netze, sondern liegen stundenlang auf der Lauer bis ein vorüberkommendes Insekt zufällig an eines ihrer langen Beine stößt, mit denen sie dann ihr Opfer blitzschnell packen und abtöten. Die Stellung dieser langen Beine erinnert an Krabben, daher heißen diese Spinnen **Krabbenspinnen**.

5

6 Die **Braune Kugel-** oder **Haubennetzspinne** (*Theridiidae*) ist 3 bis 5 mm groß und kommt häufig vor. Sie zeichnet sich durch ihre Brutpflege aus. In dem moosgrünen Kokon reifen die Jungtiere heran. Wenn sie geschlüpft sind, werden sie mit flüssiger, vorverdauter Nahrung (aus Insekten) gefüttert. Das Netz, das sie spinnt, hat die Form eines Haubennetzes. Innerhalb desselben »wohnt« sie und nutzt es auch als Falle für Insekten. Für den Nachwuchs dient es auch als »Kinderstube«, deren Wand mit getöteten Insekten »tapeziert« sein kann.

6

7 Ein **Weberknecht** (*Opiliones*) in einer Apfelgrube sitzend, macht u. a. auch Jagd auf Spinnmilben, welche er mit seinen Fangarmen (Kiefertaster) erbeutet und verspeist. Man kann es sich kaum vorstellen, wie behände sich diese Tiere auf den Bäumen bewegen können, trotz oder gerade wegen ihrer langen Beine. Bei Gefahr können sie ihre Beine teilweise oder ganz abstoßen. Diese können während mehrerer Häutungen wieder nachwachsen. Sie sind 3 bis 4 cm lang. Weberknechte sind weit verbreitet und bei Jung und Alt bekannt.

7

Eidechsen, Kröten, Frösche

Nun gibt es unter den Lebewesen, die dem Menschen bei der Abwehr von Schädlingen zur Seite stehen, ja nicht nur Insekten, sondern auch eine ganze Reihe anderer Organismen. Sie leben wie die Nutzinsekten davon, andere Lebewesen zu jagen. Viele davon leiden jedoch unter verschlechterten Lebensbedingungen, wie dem Mangel an geeigneten, ungestörten Rückzugsflächen, dem Straßenverkehr, dem Einsatz von Chemikalien aller Art und schließlich unter dem mangelnden Verständnis der Menschen für diese Lebewesen.

Eidechsen

Aussehen: Eidechsen *(Lacertidae)* sind, je nach Art, zwischen 12 und 90 cm lang. Der Körper ist dekorativ gemustert und farblich gut an den Lebensraum angepasst.
Lebensweise: Sie leben von der nächtlichen Jagd auf Insekten wie Raupen, Fliegen, Käfer, Bienen, Wespen, Spinnen, Würmer, kleine Nacktschnecken, Asseln, Heuschrecken und Vogeleier.
Vorkommen: Eidechsen sind eigentlich weit verbreitet und kommen überall dort vor, wo es trocken und warm ist. Es gibt in Europa 50 Arten, fünf davon kommen in Deutschland häufig vor. Inzwischen wird jedoch ihr Lebensraum stark eingeschränkt.
Schutz und Förderung: Eidechsen leiden schon sehr darunter, dass sie selbst von vielen natürlichen Feinden gejagt werden.Dagegen sollten Rückzugsflächen im Garten geschaffen werden, indem man z. B. Steine an sonnigen Stellen aufschichtet.

Frösche

Frösche und Kröten sind miteinander sehr nah verwandt und gehören beide zu der artenreichen Gruppe der Froschlurche *(Anura)*.
Aussehen: Frösche sind allgemein bekannt durch ihre äußere Erscheinung mit der glatten oder warzigen, meist schleimigen Haut und ihrem Farbenreichtum. Sie haben lange Hinterbeine, mit denen sie große Sprünge machen können.
Lebensweise: Sie leben am und teilweise auch im Wasser. Je nach Art leben sie auch in Feuchtwie-

sengebieten, in Höhlen, unter Holzstapeln oder auch auf Bäumen. Abends beginnt die Jagd auf Insekten aller Art sowie auf kleine Nacktschnecken.
Vorkommen: Die artenreichsten Familien sind die Echten Frösche *(Rana)* und die Laubfrösche *(Hyla)*. Bei beiden Familien gibt es grüne Arten.
Schutz und Förderung: Frösche sollen durch Gewässer in der Flur gefördert werden.

Kröten

Aussehen: Kröten *(Bufo)* haben eine mit Drüsen (Warzen) übersäte trockene Haut und können sich gut an Trockenheit anpassen. Die Farbe reicht von rotbraun bis lehmgrau-schwarz.
Lebensweise: Kröten sind dämmerungs- bis nachtaktiv und machen Jagd auf Bodenlebewesen. Mit den kurzen Hinterbeinen machen sie selten große Sprünge. Sie ernähren sich von Insekten, Würmern, Schnecken, Asseln, Spinnen und Regenwürmern.
Vorkommen: In Europa kommen fünf Arten vor, von denen die Erdkröten und die Kreuzkröten die wichtigsten sind.
Schutz und Förderung: Die größte Gefährdung von Kröten geht vom Straßenverkehr aus. Dagegen helfen alle Maßnahmen, die gefährdete Tiere umsiedeln oder durchschleusen (Krötentunnel).

1 Hier sonnt sich ein **Zauneidechsen**-Männchen in den ersten warmen Strahlen des Frühjahrs.

2 Der **Laubfrosch** ist glatt und meist grün gefärbt, kann aber rasch die Farbe der Umgebung annehmen und fleckig werden.

3 Die **Erdkröten** kommen zahlreich in Weinbergen, Streuobstwiesen, Gärten, Ruinen und Siedlungsbereichen vor, sofern ein geeigneter Laichplatz in Gewässernähe vorhanden ist.

Igel, Wiesel, Spitzmäuse

Igel

Aussehen: Wer kennt sie nicht die stacheligen Burschen aus dem Unterholz? Es gibt nichts Ähnliches. Ausgewachsene Igel *(Erinaceus europaeus)* haben mehrere Tausend Stacheln an ihrem Körper. Bei Gefahr können sie den Körper zu einer geschlossenen Kugel formen.

Lebensweise: Gehör- und Geruchssinn sind sehr gut ausgeprägt, während die Augen schwach sind. Unermüdlich durchstreift der Igel Gärten und Fluren auf der Suche nach Fressbarem. Er ernährt sich von allerlei Eiern, Larven, Maden, Insekten-Puppen, wie z. B. Käfern, Engerlingen, Drahtwürmern, Erdraupen und teilweise auch von einzelnen Schneckenarten. Selten nascht er auch an Obst oder Gemüse.

Vorkommen: Igel sind in unseren Gärten weit verbreitet. Sie vermehren sich von Mai bis August mit durchschnittlich vier Nachkommen pro Wurf.

Schutz und Förderung: Gerne wird der Igel auch vom Menschen gefüttert. Doch sollte man sich davor hüten, ihn zur Überwinterung in das Haus zu entführen. Zäune durch die er nicht hindurch kriechen kann, sind für ihn oft ein großes Fluchthindernis. Sein größtes Problem ist vor allem der Straßenverkehr.

Wiesel

Aussehen: Unter Wiesel versteht man gleichermaßen das Mauswiesel und das Hermelin:

- Das **Mauswiesel** ist das kleinste Raubtier überhaupt. Dank seiner geringen Größe kann es seine Jagd sogar auf Mauselöcher problemlos ausdehnen.
- Das **Hermelin** ist mit ca. 25 cm Länge ebenfalls nicht sehr groß. Es ist vor allem wegen seines weißen Pelzes berühmt, den es jedoch nur im Winter trägt. Im Sommer hat es einen braunen Rücken, dann heißt es **Großes Wiesel**.

Lebensweise: Die Wiesel *(Mustela spec.)* sind bekanntlich sehr scheu und tagsüber selten zu sehen. Aber nachts verlassen sie ihre Verstecke, um auf Raub auszugehen. Vor allem Feldmäuse, Hamster und Ratten sind ihre Beute, aber auch Eier, Jungvögel, Eidechsen, Frösche, Kröten und sogar Schlangen. Ihr Nutzen überwiegt den Schaden jedoch bei Weitem.

Vorkommen: Bei uns in Deutschland kommen hauptsächlich zwei Arten vor, das **Mauswiesel** und das **Hermelin**.

Schutz und Förderung: Obwohl – oder gerade weil – Wiesel kaum zu sehen sind, bedürfen sie des Schutzes vor ihren Feinden. Dazu gehören Fuchs, Greifvögel und vor allem die Fallen des Menschen. Im Garten hilft ihnen ein aufgeschichteter Steinhaufen oder ein Holzstapel zum Überleben.

Spitzmäuse

Aussehen: Spitzmäuse *(Soricidae)* sind an ihrer rüsselartig zugespitzten Schnauze mit den langen Tasthaaren zu erkennen. Ihr Körper wird kaum 7 cm lang, dazu kommen ca. 3 cm Schwanz.
Lebensweise: Sie sind sehr gefräßig und gehen nachts auf Jagd. Sie leben von Bodeninsekten, Haus- und Feldmäusen, Schnecken, Würmern, aber auch von Fröschen und sind bis tief in den Winter hinein aktiv. Sie scheuen die Nähe zum Menschen nicht.
Vorkommen: In Europa kommen drei Arten der Weißzahnspitzmäuse häufig vor: die Feld-, die Garten- und die Hausspitzmaus. Sie sind zwar nicht bedroht, haben aber zahlreiche Feinde.
Schutz und Förderung: Spitzmäuse werden ohne genaues Hinschauen häufig mit Vorratsschädlingen verwechselt und deshalb verfolgt. Man sollte sie aber als eifrige Insektenfresser im Garten unbedingt beachten und schonen.

1 Der Lebensraum des Igels ist die offene Wiese in der Nähe von Gehölz- oder Waldrändern mit Unterschlupfmöglichkeiten.

2 Ein Hermelin macht das typische »Männchen«, um einen Überblick über sein Jagdfeld zu bekommen.

3 Eine Spitzmaus auf Insektenjagd in ihrem selbst gegrabenen Bodengang.

Fledermäuse und Vögel

Fledermäuse

Aussehen: Fledermäuse *(Chiroptera)* haben weder mit Mäusen noch mit Vögeln etwas gemeinsam, sie haben weder ein Fell noch Federn. Ihre Flügel sind lederartig und ihr Körper behaart.
Lebensweise: Die verschiedenen Fledermausarten sind bekanntlich nächtliche Flugkünstler und wohnen tagsüber in dunklen Schlupflöchern. Sie sind eifrige Vertilger von vielen verschiedenen Insekten, besonders von Raupen, die sich in Äpfel, Birnen, Zwetschgen, Trauben bohren und diese verwurmen. Auf ihrer nächtlichen Jagd orientieren sie sich mit ihren Ohren, die Signale im Ultraschallbereich wahrnehmen.
Vorkommen: In Deutschland kommen noch etwa 20 verschiedene Fledermausarten vor, die alle in ihrem Bestand gefährdet sind. Denn die Zahl ihrer natürlichen Unterschlupf- und Ruheräume, wird immer geringer. Die Verwendung von Insektengiften vermindert zudem das Nahrungsangebot.
Schutz und Förderung: Fledermäuse sollten beim Bau von Häusern, Parks und Siedlungen geeignete Schutzflächen bekommen. Hohle Bäume müssen nicht überall gefällt werden.

Vögel

Aussehen: Hier vier Beispiele: **Meisen** gibt es in verschiedenen Farbvarianten. Sie fallen ganzjährig durch ihre Akrobatik bei der Insektenjagd in den Bäumen auf. **Stare** füttern ihre Nachkommen eifrig mit Insekten. Sie haben ein dunkles Gefieder, in dem die weißen Punkte im Frühjahr auffallen, durch die sie sich von den Amseln unterscheiden. Sie verblassen allerdings mit der Zeit wieder. Stare sind kleiner als **Amseln**, die es auf 25 cm und mehr bringen können. Bei den Amsel- und Starenmännchen bleiben einem stets die wunderschönen Balzgesänge in den frühen Morgenstunden in Erinnerung. **Spechte** sind durch Ihre Klopfgeräusche legendär.
Lebensweise: Die **Amsel** hat sich vom einsamen Waldvogel zum ständigen Begleiter des Menschen entwickelt und wurde vom Zug- zum Standvogel. Sie ist als Nützling nicht unumstritten, da sie selbst zum Schädling werden kann, wenn man süße Früchte im Garten hat. Doch Amseln sind auch eifrige Schädlingsvertilger und picken zahllos Insekten vom Boden auf. Die **Stare** sind den Amseln in ihrer Lebensweise sehr ähnlich.

Meisen sind mit die zahlreichsten Vertreter unter den Insektenvertilgern. Von früh bis spät, vom Frühjahr bis in den Winter, fressen die emsigen Kletterer alle Insekten, derer sie habhaft werden. Gerade während ihrer Brutzeit ist das Nahrungsaufkommen noch einmal gesteigert!
Auch die **Spechte** sind wirksame Räuber, die von Holzschädlingen leben und auch in Gärten öfter zu sehen sind. Sie können mit ihrer langen, klebrigen Zunge auch unterirdische Ameisennester ausräumen.
Vorkommen: Die genannten Vogelarten kommen in unseren Gärten häufig vor.
Schutz und Förderung: Leider haben unsere heimischen Vögel selbst auch viele natürliche Feinde, gegen die sie sich durchsetzen müssen. Etwas Schutz tut ihnen gut. Man kann sie fördern, indem man Nistbehälter anbietet, die man entweder selber basteln oder im Handel kaufen kann.

1 Eine Fledermausart (Myotis bechsteini), die im Wald vorkommt, nistet bevorzugt in Baumhöhlen, aber auch in Vogelkästen. Sie ist so groß wie eine Schwalbe und fliegt erst, wenn es dunkel ist. Sie ist eine exzellente Flugakrobatin mit großen Ohren, die wegen der Laubdichte nur kurze und leise Ortungslaute ausstößt und die Insekten quasi von den Blättern »schabt«.

2 Während der Brutaufzucht geht es am Starenkasten besonders lebhaft zu, weil die Jungen mit vielen Raupen und Schnecken gefüttert werden müssen.

3 Amseln hacken mit dem Schnabel Löcher in die Erde (Wiese), um die Puppen der Ameisen aus den Nestern herauszupicken.

Nützlinge ansiedeln

Die Nutzung natürlicher Ressourcen zur Bekämpfung von Schädlingen im Sinne des Pflanzenschutzes fasst man heute unter dem Begriff biologische Schädlingsabwehr zusammen. Die Bezeichnung »Nützling« oder »Schädling« ist unbiologisch und bezieht sich nur auf die menschlichen Absichten. Beim biologischen Pflanzenschutz werden die Nützlinge entweder in ihrem natürlichen Vorkommen gefördert, geschützt oder geschont, oder sie werden in großen Mengen im Labor gezüchtet und gezielt zur Minderung des Schädlingsbestandes vor Ort ausgesetzt.

Schutz von Nützlingen

Erste und wichtigste Schutzmaßnahme ist, das Beobachten, Kennenlernen und Erkennen von Nützlingen: Wie leben sie? Welche Nahrung, welche Verstecke brauchen sie? Auch im Hausgarten sind viele Nützlinge von sich aus im Sinne des Menschen als äußerst wirksame Schädlingsvertilger aktiv, werden aber leider oft viel zu wenig beachtet und meist zusammen mit den Schaderregern vernichtet. Der großen Palette der Nutzinsekten ist daher ein eigenes Kapitel (s. S. 14) in diesem Buch gewidmet.

Der zweite wichtige Schritt zum Schutz von Nützlingen im Garten ist: Man muss auf den Gebrauch von Pflanzenschutzmitteln (weitgehend) verzichten! Da diese mit Nebenwirkungen auch gegen Nützlinge verbunden sind. In der Folge der Behandlung können die Nachteile die Vorteile – die beabsichtigte Wirkung auf den Schädling – überwiegen. Doch Vorsicht! Es gibt sehr wohl auch bei den sogenannten biologischen Pflanzenschutzmitteln, einige, die so breit wirksam sind, dass sie ebenfalls Nützlinge mit erfassen (etwa Präparate mit dem Wirkstoff Pyrethrum). Pflanzenschutzmittel sind also nicht gleich als nützlingsschonend zu erachten, nur weil sie als biologisch bezeichnet werden!

Erhaltung der Lebensräume

Unberührte, natürlich bewachsene Flächen innerhalb und außerhalb des Gartens dienen vielen Nützlingen als Lebensraum, als Rückzugsfläche und als Unterschlupf.

Fünf Gründe gegen den Einsatz chemischer Pflanzenschutzmittel im Hausgarten

1. Wegen der unzureichenden Beobachtungsmöglichkeiten des Schaderregers ist der genaue Einsatztermin nur schwer zu ermitteln.
2. Mangelnde Kenntnisse über den Wirkmechanismus von Präparaten und über die Biologie von Schaderregern erschweren Abwehrerfolge.
3. Es wird nur der akute Schaden gesehen und nicht der Zusammenhang erkannt, woher er kommt und wie er entsteht. Daher werden oft nur Symptome und nicht die Ursachen bekämpft.
4. Die Abwehr kommt zu früh: Vorsorgementalität (z. B. Austriebsbehandlung) führt oft zu ungezielten, überflüssigen Anwendungen.
5. Die Abwehr kommt zu spät: Weil der Schaden entweder schon entstanden ist oder der Schädling bereits abgewandert ist, oder weil dieser sich bereits verpuppt hat oder Eier bereits abgelegt wurden.

Für den Rückgang der Artenvielfalt in unserer Insektenwelt ist neben vielen anderen Ursachen zweifellos auch die Zerstörung der natürlichen Lebensräume dieser Tiere durch den Menschen verantwortlich. Durch die Besiedelung, die Flurbereinigung, den Straßenbau, der Landbewirtschaftung usw. sind weite Teile dieser Lebensräume zerstört worden.

1

2

1 Anlocken, schützen und fördern vieler Nützlinge gelingt nur durch die Schaffung artgerechter und ungestörter Nistgelegenheiten, etwa bewachsenen Steinhaufen. Hier sollten weder Menschen noch Haustiere stören.

2 Totholz bedeutet aus menschlicher Sicht Abfall. Aus der Sicht vieler Nützlingsarten bedeutet es aber Lebensraum und Nahrungsquelle.

Totholz, Reisig- und Laubhaufen

Baumruinen werden z. B. neben vielen Insekten ebenso von Siebenschläfern, Blindschleichen, Vögeln wie Rotkehlchen und Zaunkönig sowie von Fledermäusen bewohnt. Laubhaufen locken Igel, Eidechsen, Kröten, Molche, Wiesel, Spitzmäuse, Marder u. a. zum Nisten an.
Steinhaufen mit Hohlräumen bieten Unterschlupf für Asseln, Hummeln, Spinnen, Hundertfüßler, Laufkäfer, Würmer, ebenfalls für Eidechsen, Igel, Spitzmäuse, Kröten, Marder, Wiesel u. a.
Freibrüter wie Buchfink, Mönchsgrasmücke, Rotkehlchen und Singdrossel können in lose aufgeschütteten Reisighaufen brüten, die aber zum Schutz vor Katzen unbedingt mit einem Drahtgitter überdeckt werden sollten.

Nistkästen

Nistkästen, die nach mehr oder weniger künstlerischer Architektur für insektenfressende Vögel aus den unterschiedlichsten Materialien wie Holz, Holz mit Metallverbrämung, Holzzement o.Ä. gebaut werden, fördern die Ansiedlung vieler heimischer Vogelarten. Sie gehören mittlerweile schon zur Grundausstattung eines jeden Gar-tens. Doch darf man beim Bau dieser Kästen die Zweckmäßigkeit nie aus dem Auge verlieren. Denn Größe, Bauart, Widerstandsfähigkeit gegenüber Feinden, müssen den Ansprüchen der

1 Bei Nistkästen für Vögel muss die Zweckmäßigkeit vor der Schönheit rangieren. Vor allem ist der Schutz vor Katzen, Mardern und anderen Feinden das Wichtigste.

2 Ohrwurm-Nistglocke: Ein 12er-Tontopf mit Holzwolle gefüllt im Baum mit Astkontakt aufgehängt, damit die Ohrwürmer nachts zu den Blattläusen kriechen können.

Handelsübliche Nistkästen

Es gibt eine Reihe von Bauplänen, Typen oder Fertigprodukten im Handel, z.B.:

- Starenhöhle
- Nischenbrüterhöhle
- Baumläuferhöhle
- Fledermaushöhle
- Fledermausspaltenkasten
- Fledermausfassadenflachkasten
- Mehlschwalbennest
- Rauchschwalbennest
- Mauerseglerhöhle
- Dohlenkasten
- Schleiereulenkasten
- Steinkauzröhre
- Florfliegenkasten
- Insekten-Nistblock
- Igelhaus

anvisierten Vogelart angepasst werden. Bastelanleitungen gibt es in den Broschüren des Landesbundes für Vorgelschutz (LBV). Fertig montierte Häuschen sind im Handel erhältlich.
Der Standort und die Anbringungsart der Kästen soll sorgsam ausgewählt werden. Sie sollten möglichst frei hängen, also nicht mit Ästen zugewachsen sein. Die Einflugöffnung ist optimalerweise nach Osten auszurichten. Wählen Sie gegen Sturm und Hagel standhafte Aufhängungen. Schützen Sie die Nistkästen vor dem Zugriff von Katzen. Bringen Sie sie daher nicht in Bodennähe oder an gut zu erkletternden Ästen an. Verwenden Sie widerstandsfähige Baumaterialien. Empfehlenswert ist die Montage eines Katzenabwehrgürtels aus Metallstäben (Baumarkt).
Dringend gewarnt sei vor der Verwendung von Weichholz, Spanplatten oder gestrichenem Holz sowie vor Verbindungen der Bauteile mit Materialien, die sich bei Wind und Wetter lösen können. Leider sind das dann meist auch die Materialien, aus denen die günstigeren käuflichen Modelle hergestellt werden. Eine gewisse Professionalität bei der Herstellung ist hier durchaus

1

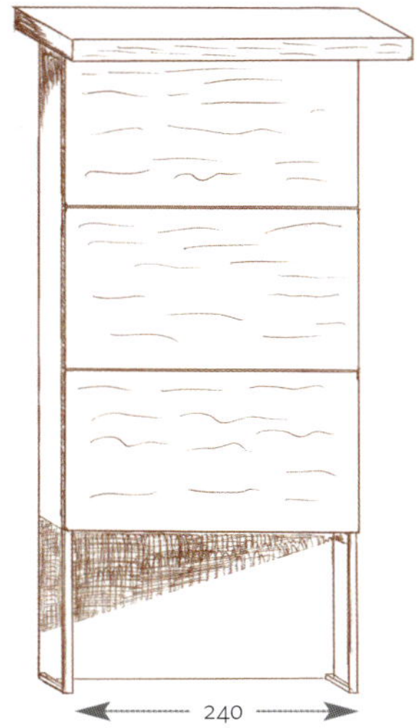

2

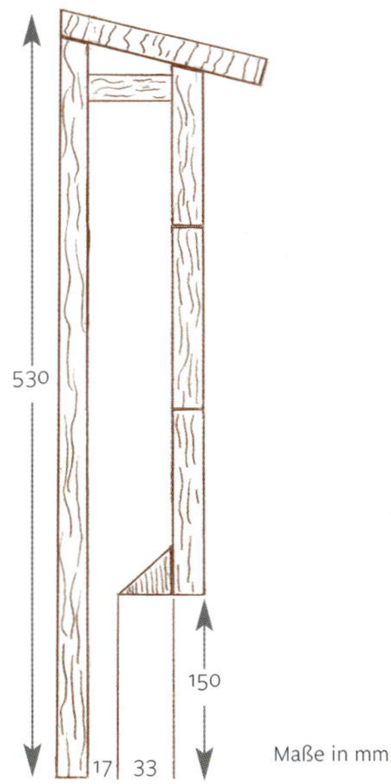

1 2 Fledermaus-Nistkasten für den Eigenbau: Zwei rauhe Holzbretter werden mit zwei Seitenkeilen so aneinander geschraubt, dass sich dazwischen ein Hohlraum bildet. Oben sind sie mit einer Leiste verschlossen und unten über eine 2 cm breite Einflugschneise für die Fledermäuse zugänglich. Bild 1 zeigt die Vorderansicht und Bild 2 die Ansicht mit dem Seitenkeil.

gefordert, wenn Nistkästen nicht nur der Zierde dienen sollen.
Die Förderung der Ansiedelung von Meisen-Familien beispielsweise mittels Nistkästen oder Bruthöhlen bedeutet, dass damit reine Insektenfresser angesiedelt werden. Im Vergleich zu anderen ist die Meise besonders aktiv und zwar im Sommer wie im Winter!

Ohrwurm-Nistglocken

Auch für die Ansiedlung von Ohrwürmern, die ja meist in Bodennähe nisten, gibt es zahlreiche Baupläne. Fertigprodukte, wie Nistglocken, Kästen oder Ohrwurmhöhlen sind im Handel erhältlich. Man sollte sich aber im Klaren sein, dass Ohrwürmer nicht nur eifrige Insektenfresser sind und große Mengen an Blattläuse vertilgen, sondern auch den pflanzlichen Genüssen keineswegs abgeneigt sind. Schon allein die Hinterlassenschaften der Ohrwürmer am Erntegut kann die Freude schmälern.

Insektenhotels

Seit Anfang der 90er Jahre werden Wettbewerbe ausgetragen, wie wohl das originellste oder schönste Insektenhotel auszusehen und wer es zu bieten hat. Gestaltung und Innenausstattung haben in Kennerkreisen bereits Kultstatus erreicht. Von kleinen Einzelbauten über wandartige Tafeln bis zu regelrechten Häusern, vorgebaut, angelehnt bis frei stehend, reicht die Palette. Sie werden erbaut von Privatleuten bis hin zu großen GaLa-Bau-Unternehmen.
Diese Bauwerke müssen gewissen Mindestanforderungen genügen, dann erfüllen sie gleich mehrere wichtige Aufgaben - abgesehen vom Bastlerspaß, den sie nebenbei vermitteln:
- Sie haben einen erzieherischen Aspekt, denn sie sind ein wichtiges Anschauungsobjekt für Interessierte, für Gärtner und die, die es werden wollen und fördern so das naturnahe Gärtnern. Darüber hinaus dienen sie als ideales Schulungsobjekt für Kinder und Jugendliche und vermindern Berührungsängste gegenüber Insekten.
- Sie sind eine wirkungsvolle Insektenschutzmaßnahme: Über Schutz und Förderung von Insekten war bereits oben mehrfach die Rede. Dies ist nun ein praktisches Beispiel dafür, wie man durch regionale Ansiedlung, dem Aussterben bzw. Verdrängen bedrohter Insektenarten entgegenwirken kann. Zusätzlich bieten entsprechend gut gebaute Exemplare gleichzeitig eine Überwinterungshilfe für die »Hotelgäste«. Diese spielen natürlich auch eine wichtige Rolle bei der Blütenbestäubung - ohne Insekten keine Früchte von den Feldern.

In den Insektenhotels finden sich in Abhängigkeit von Bauform und Materialien: Schlupf-, Falten-, Grab- und Wegwespen, Florfliegen, Marienkäfer, Spinnen oder Ohrwürmer, Wildbienen, sowie Hummeln u. a.
Natürlich stellt sich in diesem Zusammenhang auch die Frage: Wie viele Nützlinge wohnen in einem solchen Hotel? Die große Zahl der aufgezählten Insektenarten ist weder vollständig, noch sind sie allesamt nützlich im Sinne des Pflanzenschutzes. Ihr Nutzen schlägt sich vielmehr im Rahmen des Zusammenwirkens in einem intakten, gesunden ökologischen System nieder. In diesem System geht es aber gar nicht um nützlich oder schädlich im Sinne des Menschen, sondern um ein Netzwerk der Natur, das sich seit Bestehen der Erde aufgebaut hat. In dem jedes Individuum an seinem Platz eine wichtige Funktion hat - vom Kleinsten bis zum Größten.
Die vorbeschriebenen Nützlinge (Seite 14) - im Sinne der Schädlingsabwehr - werden durch diese Maßnahmen zwar auch gefördert, aber sie würden ebenso in und an vielen anderen Gebäuden, im Garten, in der Flur Unterschlupf und Heimat finden, auch wenn es die Insektenhotels nicht gäbe, aber vielleicht nicht so wirkungsvoll.

Weidepflanzen, Nähr- und Blütengehölze:

Eine besondere Form der Förderung von Nützlingen erreicht man, wenn man für sie gesondert die Nährpflanzen anpflanzt, aussät und anbietet, auf denen auch ihre Beutetiere leben (ähnlich Offene Zucht, s. S. 57). Diese Pflanzen dienen dann gewissermaßen als Schaltstellen im Nahrungsnetz der Nützlinge, solange die zu schützenden Kulturpflanzen noch nicht bzw. nicht mehr genügend Nahrung für sie bieten. Schlupfwespen, Florfliegen und Schwebfliegen legen im Frühjahr nur dann die volle Zahl an Eiern ab, wenn ihnen ausreichend Nektarpflanzen (z. B. Schmetterlingsblütler) als Nahrungsquellen zur Verfügung stehen. Von ihrer Frühjahrsbrut wiederum hängt die Populationsdichte der Nützlinge ab und damit selbstverständlich auch die Vertilgungsrate von Schädlingen während der folgenden Vegetationsperiode.
Jeder ist nun aufgerufen, die Aufklärung über Nützlinge im privaten Personenkreis fortzusetzen, um sie noch mehr ins Bewußtsein zu rücken und um wenigstens zu verhindern, dass Nützlinge aus Unwissenheit sinnlos verfolgt werden. Es sind eben nicht nur die hübschen Marienkäfer als nützlich anzusehen, sondern vor allem auch deren Larven! Und nicht nur diese Käferart ist mehr ins Bewusstsein zu rücken, sondern auch Laufkäfer, Kurzflügler, Florfliegen, Schwebfliegen, Spinnen und alle anderen im Kapitel 2 beschrieben Arten.

3 **4** Insektenhotel: In diesen kleinen Holzdeckel (Pfeil) sind ca. zehn Glasröhrchen eingesetzt. Wenn man den Deckel herausklappt (4) sieht man, dass sich in die Röhrchen bereits Solitärbienen eingenistet haben.

5 Ein Insektenhotel aus verschiedenen Materialien, in das sich die unterschiedlichen Nützlinge einnisten können.

Käufliche Nützlinge

Wo die natürlich vorkommenden Nützlinge für die Schadabwehr nicht ausreichen, ist der gezielte Einsatz von gezüchteten Nützlingen mittlerweile in vielen Fällen möglich, sinnvoll und interessant. Die Nützlinge bleiben nämlich so lange aktiv, wie Schädlinge vorhanden sind. Voraussetzung für den Einsatz ist ein bisschen Fingerspitzengefühl im Umgang mit Insekten. Gleichzeitig werden Berührungsängste abgebaut und ein tiefer Einblick in die natürlichen Verhältnisse vermittelt. Die Gefahr, dass Nützlinge im Haus auf Abwege gehen und abwandern, ist relativ gering, da sie sich möglichst nahe bei ihrer Nahrungsquelle aufhalten.
Man kann Nützlinge über den Fachhandel beziehen (Adressen siehe Anhang). Da eine Lagerhaltung in den Geschäften in der Regel nicht möglich ist, erhält man dort nur einen Bestellschein zum Erwerb von Nützlingen beim Züchter. Diesen schickt man dann möglichst so frühzeitig per Mail, Brief, Fax oder zum Onlineshop des Züchters, dass dieser noch entsprechend disponieren kann.

Folgendes ist beim Einsatz von Nützlingen im Hausgarten zu beachten:

- Beim aktiven Einsatz von gelieferten Nützlingseinheiten dürfen mindestens sechs Wochen vorher keinerlei Pflanzenschutzmittel oder zumindest nur solche mit kurzen Wartezeiten bei den zu schützenden Pflanzen eingesetzt werden.
- Wichtig ist auch, die empfohlene (Raum-) Temperatur genau einzuhalten sowie die Luftfeuchtigkeit. Beide sollten weder über- noch unterschritten werden!
- Sind bestimmte Schädlinge auf Grund von Erfahrungen aus dem Vorjahr zu erwarten, sollte der Nützlingseinsatz vorbeugend stattfinden, also bevor erste Anzeichen des anvisierten Schädlings zu sehen sind.
- Die Nützlinge sollten bei Lieferung umgehend aus dem Versandbehälter entnommen und nach einer Beruhigungsphase von ca. fünf Minuten genau nach Anweisung ausgebracht werden. Eine Lagerung ist möglichst zu vermeiden.
- Die Bestellung soll immer so erfolgen, dass bei der Lieferung möglichst keine Verzögerung wegen Sonn- oder Feiertagen entsteht und dann die Ware unkontrolliert überdauern muss. Es ist auch genau auf die Umgebung zu achten.

Offene Zucht

Erfahrene Anwender von käuflichen Nützlingen zur Schädlingsabwehr können mit Hilfe der sogenannten »offenen Zucht« einen Bestand auch von einem Einsatzzeitpunkt zum nächsten erhalten. Sie müssen dann nicht neu nachbestellen, sondern können die Zeit überbrücken. Die Nützlingspopulation wird dann erhalten, auch wenn der Zielschädling noch nicht oder nicht mehr in ausreichender Zahl vorhanden ist. Als Nahrungsersatz werden dann z. B. harmlose Getreideblattläuse (sie gehen auf keine anderen Pflanzen über), die man ebenfalls beim Züchter besorgen kann, auf Getreide ausgesetzt, das in einer Pikierschale herangezogen wurde. In diesen Bestand werden die Nützlinge eingebracht bis sie zum Schutz der Kulturpflanzen gebraucht werden. So wird die Nützlingszucht bereits vorher vor Ort angekurbelt, bevor der Schädling auf der Bildfläche erscheint oder wenn vorübergehend das Gewächshaus geleert sein sollte.

Schädlinge sollten möglichst nicht von außen zuwandern oder Nützlinge abwandern können. Auch bei Pflanzenlieferungen muss darauf geachtet werden, dass diese möglichst frei von Schädlingen sind (evtl. Quarantäne einrichten).

- Bei vielen Schädlingen, wie z. B. bei der Bekämpfung des Dickmaulrüsslers mit Nematoden (s. S. 70), ist es unerlässlich, dass nicht nur die Larven, sondern parallel dazu auch die anderen Schädlingsstadien (z. B. die Käfer durch Absammeln) bekämpft werden und der Zuzug von außen unterbunden wird. Sonst ist der Erfolg nur von kurzer Dauer.
- Natürlich sind Nützlinge nicht nur in geschlossenen Räumen, wie Gewächshaus, Fensterbank, Wintergarten oder bei der Innenraumbegrünung einsatzfähig, sondern unter bestimmten Bedingungen auch im Freien, im Obstbau, in der Landwirtschaft sowie auf Terrassen und Balkonen.

Der Einsatz von Nützlingen zur Schädlingsbekämpfung bietet zahlreiche Vorteile:

- Es treten keine Nebenwirkungen auf.
- Es bleiben keine Rückstände.
- Es entstehen keine Bodenbelastungen.
- Resistenzbildungen sind nicht zu befürchten.
- Das Grundwasser wird nicht belastet.

Und das alles wird bei relativ einfacher Anwendung erreicht. Die Palette der verfügbaren Nutzorganismen ist inzwischen so groß geworden, dass damit die meisten Problemschädlinge bekämpft werden können.

An einer geeigneten Stelle (z. B. im Gewächshaus) kann man, wie hier rechts gezeigt, Getreide direkt oder in Kisten aussäen, um darauf Blattläuse zu züchten: Blattläuse von einkeimblättrigen Pflanzen (z. B. Getreide) gehen nämlich nicht auf zweikeimblättrige Pflanzen (z. B. Gurken, Tomaten, Fuchsien) über. So können dort schon vorher Nützlinge in großer Zahl herangezogen werden, die sich dann gleich auf die ersten Schädlinge stürzen, bevor sich diese auf den Kulturpflanzen ausbreiten können.

Käufliche Raubmilben

Phytoseiulus persimilis

Einsatzmöglichkeiten: Diese Raubmilbenart kommt aus wärmeren Gebieten und muss deshalb bei uns im Gewächshaus oder Labor gezüchtet werden. Sie wirkt sehr erfolgreich gegen die Rote Spinne, die Gemeine Bohnenspinnmilbe *(Tetranychus urticae)* an Gurken- oder Bohnenkulturen.

Wirkungsweise: Entscheidend für das Ergebnis ist der richtige Einsatzzeitpunkt, nämlich bevor die ersten Milben zu sehen sind. Diese Raubmilbe ist rund 0,5 mm groß und mehr oder weniger orange. Vom Ei bis zum erwachsenen Tier braucht sie unter optimalen Bedingungen vier bis fünf Tage. Das ist halb so viel wie ihr Wirtstier, die Spinnmilbe (zehn Tage) benötigt. Die ausgewachsenen Weibchen leben bis zu vier Wochen, in denen sie 100 Eier ablegen können. Sie verzehren 5 Milben oder 20 Spinnmilbeneier pro Tag.

Amblyseius cucumeris

Sie heißt zu Deutsch Thripsraubmilbe und ist eng verwandt mit *Amblyserus barkeri*.

Einsatzmöglichkeiten: Beide ernähren sich zwar auch von Spinn- und Weichhautmilben, verzehren aber vor allem die besonders lästigen Thrips-Junglarven (Fransenflügler), die z. B. an Blütenblättern saugen oder auch im Gemüsebau sehr schädlich sein können. Die Anwendung wird für den Gurkenanbau und bei der Innenraumbegrünung empfohlen.

Wirkungsweise: Die Nützlinge sind 0,5 mm groß und rotbraun. Sie verstecken sich im Boden oder an den Triebspitzen und haben eine langsamere Entwicklung als die oben genannte *P. persimilis*. Deswegen sind sie auch nur schwächer wirksam.

Ansiedlung: Die beiden Arten werden in einer Mischung in Kleie versandt, die über die noch nicht befallenen Pflanzen verteilt wird. Sie brauchen mindestens 15 °C Lufttemperatur und ebenfalls 60 Prozent Luftfeuchtigkeit.

Amblyseius calfornicus

Einsatzmöglichkeiten: Diese Art wird zur Bekämpfung der Spinnmilbe eingesetzt, wenn es für andere Raubmilben zu warm ist (z. B. im Gewächshaus). Sie saugt auch die Eier und Junglarven verschiedener Thripsarten sehr effektiv aus.

Wirkungsweise: Bei einer Temperatur von 33 °C verdoppelt sich die Population innerhalb von zwei Tagen. Diese Raubmilbe ist auch für den prophylaktischen Einsatz geeignet, weil sie sich auch von Pollen ernähren kann.

Ansiedlung: Raubmilben werden allgemein meist in Papiertütchen oder Kunststofffläschchen ausgeliefert. Darin befinden sie sich, je nach Art, geschützt in individuellen Granulaten. Da sie sich meist auf dem Transportweg auch noch vermehren, muss auch für die Ernährung gesorgt werden. In der Lieferung sind meistens alle Entwicklungsstadien gemischt vorhanden. Es können auch gleich zwei Raubmilbenarten zusammen geliefert werden, wenn sie sich in ihrer Wirkung ergänzen, z. B. *A. cucumeris* + *A. barkeri*. Manche Züchter empfehlen zur besseren Verteilung der Raubmilben saugfähige Papierblättchen in die Blattachseln der befallenen Pflanzen zu stecken und das Granulat darauf zu streuen, denn auf dem Boden sind die Tiere sonst verloren.

Einige Beispiele

1 *Phytoseiulus persimilis* werden im Labor in Massen gezüchtet, um sie im Gewächshaus zur Spinnmilbenbekämpfung einzusetzen. Sie kommen aber auch im Freiland natürlich vor.

2 Mit Hilfe von Wollmanschetten können, wie hier gezeigt, mehrere tausend gezüchteter Raubmilben auch im Freiland (hier für *Typhlodromus piri*) angesiedelt werden.

3 *Amblyseius californicus* ist der Spezialist für das Gewächshaus, da sich diese Raubmilbe, im Gegensatz zu *Phytoseiulus p.*, erst bei höheren Temperaturen (30 °C und mehr) besonders stark vermehrt. Die Luftfeuchtigkeit spielt keine so große Rolle. Da sie sich auch von Blütenpollen ernährt, kann sie längere Hungerstrecken gut überstehen. Einige Züchter empfehlen hier auch die Kombination mit *Phytoseiulus p.*

1

2

3

Käufliche Marienkäfer und Florfliegen

Marienkäfer

Cryptolaemus montrouzieri

Einsatzmöglichkeiten: Zur Bekämpfung von Woll- und Schmierläusen an Zimmerpflanzen hält der Fachhandel diese Marienkäferart bereit, die aus Australien eingeführt worden ist. Der schwarze Körper ist 4 mm groß und trägt einen braunen Kopf.

Wirkungsweise: Die Weibchen legen ca. 500 Eier, aus denen die gefräßigen Larven schlüpfen. Diese sehen ähnlich wie ihre Beutetiere aus, da sie ebenfalls mit Wachsfäden bedeckt sind. Bei Zimmertemperatur und auf benetzten Blättern fühlen sie sich am wohlsten. Bei niedrigeren Temperaturen sind Florfliegenlarven vorzuziehen.

Ansiedlung: Die Käfer werden in kleinen Papierröhrchen für je 10 oder 20 m² verschickt. Die Käfer sollten erst bei Dämmerung ausgebracht werden, da dann die Flugaktivität nachlässt. Auch die Akklimatisierung ist dann leichter. Der Marienkäfer ist auf Raumtemperatur angewiesen und kann nur im Raum eingesetzt werden. Er braucht Wasser, daher sollten die Pflanzen häufig besprüht werden.

Coccinella septempunctata und *Adalia bipunctata*

Einsatzmöglichkeiten: Beide dezimieren viele Blattlausarten. Diese Marienkäfer kommen bei uns auch natürlich vor und eignen sich besonders bei hoher Befallsdichte zum Ansiedeln in den verschiedenen Anbaubereichen.

Wirkungsweise: Aus den ausgestreuten Eiern schlüpfen schon nach wenigen Tagen die gefräßigen Larven, die dann gleich auf Insektenjagd gehen. Bei Temperaturen unter 15 °C sind Florfliegen wirkungsvoller.

Ansiedlung: Die Züchter liefern die Eier (100 bzw. 500 Stck.), die auf die Pflanzen ausgestreut werden, aber auch Käfer und Larven.

Florfliegen

Ebenfalls sehr wichtige natürliche Feinde von Blattläusen sind Florfliegenlarven, siehe dazu auch Seite 24.

Chrysoperla carnea

Einsatzmöglichkeiten: Diese Florfliegenart ist für die Züchtung im Labor besonders gut geeignet. Ihre Larven sind sehr effektiv im Reduzieren von Blattläusen und können nicht nur im Gewächshaus, sondern auch im Freiland, lokal begrenzt, eingesetzt werden.

Wirkungsweise: Nicht nur Blattläuse, auch viele andere kleine Insektenarten werden mit den Kieferzangen links und rechts angestochen und ausgesaugt: z. B. Spinnmilben, Woll- und Schmierlaus.

Ansiedlung: Geliefert werden Larven zu je 500 Stück in Wellpappestücken angesiedelt, die mit Gaze verschlossen sind. Züchter bieten dazu auch ein Zucht-Set zur Schulung, aber auch zum selber Weiterzüchten an, in dem ein Zuchtgefäß, Florfliegeneier, Futter, eine Kunststofflupe und eine Zuchtbeschreibung enthalten sind - alles, was man zur Aufzucht braucht. Da die Florfliegenlarven zum Kannibalismus neigen, müssen sie in den Wellpapperöhrchen einzeln transportiert werden, da sie sich sonst gegenseitig auffressen würden. Zusätzlich befindet sich noch Futter in den Röhrchen. Die Tiere sollen möglichst am Morgen oder am Abend bei wenig Licht (keine Sonne) auf die befallenen Pflanzen ausgesetzt werden.

Einige Beispiele

1 So verpackt kommen Florfliegenlarven an, wenn man sie bestellt. In den Röhren des Wellpappestückchens befindet sich die bestellte Zahl an Larven.

2 Eine einzige Florfliegenlarve soll zwischen 300 und 500 Blattläuse in ihrem »Leben« (zwei bis drei Wochen) aussaugen. Daher hat man ihr auch den Namen Blattlauslöwe gegeben.

3 Der **Australische Marienkäfer** *(Cryptolaemus montrouzieri)* und seine Larven können zu Hause, z. B. auf Zierpflanzen, zur Bekämpfung von Woll- und Schmierläusen genutzt werden.

Käufliche Raubwanzen

Neben den verschiedenen natürlich vorkommenden Raubwanzenarten gibt es eine ganze Reihe von Spezialisten, die aus der Zucht kommen und vor allem im Gewächshaus Verwendung finden.

Macrolophus caliginosus

Einsatzmöglichkeiten: Diese bemerkenswerte Raubwanzenart wird zur Bekämpfung der Weißen Fliege in Tomaten- und Auberginenkulturen eingesetzt, allerdings nur vorbeugend. Sie bevorzugt Eier und junge Larvenstadien der Weißen Fliege, ernährt sich aber auch von Blattläusen, Spinnmilben, Thripsen und Minierfliegen.
Wirkungsweise: Da sich die Population dieser Raubwanzenart nur langsam aufbaut, kann mit einer guten Bekämpfungsleistung erst zwei bis drei Monate nach der Ausbringung gerechnet werden! Die Raubwanze frisst pro Tag 40 bis 50 Eier oder 15 bis 20 Puparien der Weißen Fliege. Bei einer Temperatur von 20 °C werden je Weibchen über 250 Eier innerhalb von 85 Tagen gelegt. Dies ist aber stark von der herrschenden Temperatur abhängig. Bei 30 °C kann sich der Zeitraum auf 30 Tage reduzieren. Aber Vorsicht! Sind nicht mehr genügend Schädlinge vorhanden, kann diese Raubwanze schnell zu einem Problem werden, weil sie dann auch auf pflanzliche Kost ausweichen kann.
Ansiedlung: Die Freilassung dieser Raubwanze sollte in zwei Schüben im Abstand von zehn Tagen erfolgen. Die ersten Exemplare werden gleichmäßig auf die Pflanzen verteilt, je Pflanze maximal eines. Beim zweiten Schub können die Raubwanzen verstärkt auf Schädlingsnester abgesetzt werden. Bis sich die Raubwanzen stark genug vermehrt haben, um die Weiße Fliege aufhalten zu können, empfiehlt es sich, sicherheitshalber während der Anlaufphase zusätzlich die Schlupfwespe *Encarsia formosa* (s. S. 64) einzusetzen, die für kürzere Kulturen geeignet und sehr wirksam ist.

Orius majusculus, Orius laevigatus

Einsatzmöglichkeiten: Diese beiden Raubwanzenarten können in Gemüse- oder Zierpflanzenkulturen unter Glas gegen Blattläuse, Spinnmilben sowie Nymphen von Weißer Fliege und vor allem auch zur Bekämpfung von ausgewachsenen Thripsen (auch des gefürchteten Blütenschädlings: *Frankliniella occidentalis*) sehr erfolgreich eingesetzt werden. Sie ergänzen sich ideal, weil sich die erste Art nur in den Sommermonaten (im Langtag) und die zweite nur in den Wintermonaten (im Kurztag) vermehrt und zur Bekämpfung eingesetzt werden kann. Das heißt, die beiden Arten wechseln sich bei der Vermehrung, angepasst an die unterschiedlichen Tageslängen, ab. Beide Arten können fliegen, was sie noch wirkungsvoller macht.

Wirkungsweise: Die Weibchen heften ihre etwa 0,6 mm großen Eier in die Blattoberfläche oder an Blütenorgane an. Nach etwa einer Woche schlüpfen 1 bis 2 mm lange, hellbraune Larven. Nach drei Wochen ist ein ca. 2,5 mm großes Insekt herangewachsen. Alle fünf Larvenstadien ernähren sich von Insekten. Nach zwei bis drei Wochen ist die Entwicklung abgeschlossen. Leider werden diese Nützlinge derzeit nur in der Schweiz (Fa. Maag) gezüchtet und angeboten.

Ansiedlung: Die Ansiedlung soll spätestens beim Auftreten einzelner ausgewachsener Thripse erfolgen, je nach Befallsstärke ein bis fünf Tiere pro qm, alle sieben Tage. Die Auslieferung des ausgewachsenen Nützlings erfolgt in einer Flasche mit Granulat. Etwa nach zehn Tagen müssen die ersten Larven zu sehen sein. Nicht bei Tageslicht ausbringen, sondern in der Nachtkühle am Morgen.

Einige Beispiele

1 *Macrolophus caliginosus* ist eine bemerkenswerte Raubwanzenart, die zur Bekämpfung der Weißen Fliege für den Schutz von Langzeitkulturen und für die Innenraumbegrünung eingesetzt werden kann.

2 3 *Orius majusculus* ist die Sommer-Raubwanze (März bis Oktober) zur Bekämpfung von Nymphen der Weißen Fliege und von Thripslarven, während *Orius laevigatus* im Winter (Oktober bis März) dafür verwendet wird.

1

2

3

Käufliche Schlupfwespen

Encarsia formosa

Einsatzmöglichkeit: Diese Schlupfwespe wird seit vielen Jahren zur Bekämpfung der Weißen Fliege *(Trialeurodes vaporariorum)* erfolgreich eingesetzt. Die Weiße Fliege hat sich vor allem im Unterglasanbau zum Problemschädling entwickelt, weil sie durch jahrzehntelange massive chemische Bekämpfung so abgehärtet worden ist, dass heute meist nur noch biologische Verfahren helfen.

Wirkungsweise: Die winzige Erzwespe *(Encarsia formosa)* parasitiert die grünen Larven der Weißen Fliege und tötet sie ab, wodurch sie sich schwarz verfärben. Aus diesen (parasitierten) Weiße-Fliege-Puparien schlüpfen nach ein paar Tagen die 0,6 mm kleinen Erzwespen und suchen sich neue Weiße-Larven-Puparien, um dort ihre Eier abzulegen. Ca. 40 bis 100 Eier legt eine Schlupfwespe! Je höher die herrschenden Temperaturen sind, desto besser und schneller ist ihre Entwicklung. Die schwarzen parasitierten Puparien werden für die Bekämpfung versandt. Der rechtzeitige Einsatz nach einem festen, vom Züchter meist vorgegebenen, Einsatzplan ist entscheidend für den Erfolg. Nach etwa 20 Tagen kann schon die erste Erfolgskontrolle erfolgen.

Ansiedlung: Diese Erzwespen werden seit 1920 eingesetzt und derzeit von verschiedenen Firmen im In- und Ausland in Massen gezüchtet und auch für den Hausgarten zum Kauf angeboten. Die Anwendung ist denkbar einfach: Die Papierkärtchen, auf die ca. 50 parasitierte Weiße-Fliegen-Puppen geklebt sind, werden per Bestellkarte angefordert und genau nach Gebrauchsanweisung an die zu schützenden Pflanzen gehängt. Sie können auf dem Balkon, am Blumenfenster, im Gewächshaus, auf dem Erdbeerbeet usw. eingesetzt werden.

Trichogramma dendrolimi und *T. cacoecia*

Einsatzmöglichkeiten: Diese beiden Schlupfwespen parasitieren verschiedene Wicklerarten (z. B. den Wurm in Apfel, Birne oder Pflaume).

Wirkungsweise: Anders als oben genannte Art, parasitieren sie jedoch bereits das Ei des Schädlings. Aus dem Ei schlüpft dann, statt der Raupe, eine winzige, 0,4 mm kleine Schlupfwespe. Auch die Eigelege des Apfelschalen- und Pflaumenwicklers werden von diesen Schlupfwespen parasitiert. Die bestifteten Eier werden nach wenigen Tagen deutlich dunkler als die übrigen. Es können dann bis zu drei vollentwickelte Schlupfwespen aus jedem Ei schlüpfen! Voraussetzung für eine optimale Entwicklung der Schlupfwespen sind Wärme und Trockenheit. Das Problem dabei ist, dass die Schlupfwespen aber auch vom Apfelbaum (z. B. durch Wind) abgeweht werden und dann auf anderen Pflanzen (Bodendecker wie z. B. Löwenzahn) landen und somit verloren gehen können. Entscheidend für den Erfolg ist, dass die Schlupfwespen zur Eiablage der Wicklerfalter ausgesetzt werden. Dieser Termin kann z. B. mit Lockstoff-Fallen ermittelt werden. Etwa Mitte Juni und Anfang August erfolgt die Eiablage über mehrere Wochen verteilt, so muss die Maßnahme nach drei Wochen wiederholt werden.

Ansiedlung: Die schlüpfreifen Eiparasitoiden (bereits parasitierte Eier) kommen auf speziellen Papprähmchen, den sogenannten Tricho-Kärtchen, mit je 3000 parasitierten Getreidemotteneiern in den Versand, die als Ersatzwirte für die Zucht fungieren. Unbedingt die Anwendungshinweise der Herstellerfirma beachten. Die Menge reicht für jeweils einen oder mehrere Bäume mit einer Kronengrundfläche von maximal 15 m^2.

Aphidius matricariae, A. ervi, A. colemani, Aphelinus abdominalis

Einsatzmöglichkeiten: Diese Schlupfwespen werden im Gewächshaus wie im Freiland häufig

1 Parasitierte Weiße-Fliege-Puparien werden auf solchen Kartonstreifen verschickt (Pfeil), die man vor dem Befall in die Pflanzen hängt.

2 In der Bildmitte sieht man die Weiße Fliege. Die hellgrünen Punkte daneben sind die gesunden Larven, während die dunkleren bereits durch Schlupfwespen besetzt sind.

3 Mit dem kräftigen Legestachel presst das stattliche Aphidius-ervi-Weibchen (<5 mm) seine Eier in die Blattläuse ein.

gegen Blattläuse eingesetzt und sind ähnlich zu behandeln, weshalb hier nur ein Beispiel beschriebene wird.

Wirkungsweise: Die ca. 2 mm große *Aphidius matricariae* parasitiert Blattläuse und durchläuft dabei mehrere Entwicklungsstadien im Körper der Laus, ehe sie diese schließlich abtötet. Dabei bläht sich die Blattlaus kugelrund auf und verfärbt sich gelbbraun (s. S. 35). Von der Eiablage bis zum Schlüpfen der fertigen Schlupfwespe aus der Blattlaus vergehen ca. 15 Tage. Das Schlupfwespenweibchen bestiftet bis zu 200 Blattläuse mit je einem Ei.

Ansiedlung: Der Versand der gezüchteten Schlupfwespenpuppen erfolgt lose in Fläschchen, die für je ca. 100 m^2 ausreichen. Die Fläschchen werden an einem geschützten, schattigen Ort aufgestellt. Die Schlupfwespen spüren die Blattläuse dann selbsttätig auf und halten sie bei rechtzeitigem Einsatz erfolgreich in Schach.

Aphelinus mali

Einsatzmöglichkeiten: Die Blutlauszehrwespe dezimiert Blutläuse *(Eriosoma lanigerum)* am Apfelbaum. Sie wurde aus Nordamerika eingeführt.

Wirkungsweise: Diese Schlupfwespe ist 1 mm groß und überwiegend schwarz gefärbt. Sie beginnt ab Mai jeweils ein Ei in ihr Opfer abzulegen, aus dem nach zwei bis vier Tagen die Larven schlüpfen und sich aus dem Inneren der Blutlaus ernähren und diese abtöten. Nach drei bis vier Wochen schlüpft aus der leeren Hülle der Laus die winzige Schlupfwespe durch eine kreisrunde Öffnung im Hinterleib. Bei guten Bedingungen können so bis zu zehn Nützlingsgenerationen pro Jahr entstehen. Ein Weibchen legt ca. 60 Eier. Oft leidet die Schlupfwespe aber sehr unter der Kälte in unseren Breiten. Auch ist ihr Lebensrhythmus bei uns nicht sehr gut auf den des Wirtstieres eingestellt, was die Effektivität als Schädlingsvertilger etwas schmälert. Aus diesem Grund wird die Schlupfwespe schon früher gezüchtet und kann bereits in der Zeit von Mitte April bis Anfang Juni erworben und vom Gärtner eingesetzt werden.

Ansiedlung: Die Zucht dieser Schlupfwespe ist generell möglich, doch wird sie derzeit nur auf Anfrage und bei entsprechender Nachfrage angefahren. Der Einsatz im Freiland kann aber auch einfach dadurch erfolgen, dass man mit parasitierten Blutläusen besetzte Einjahresruten befallene Apfelbäume umsiedelt.

Dacnusa sibirica und *Diglyphus isea*

Einsatzmöglichkeiten: Minierfliegenlarven fressen hässliche, oft schlangenförmige Gänge in die Blätter, z. B. von Tomaten, aber auch Gurken, Auberginen oder verschiedenen Zierpflanzenarten, die dadurch absterben. *Dacnusa sibirica* und *Diglyphus isea* parasitieren diese Schädlinge:

Wirkungsweise: *Dacnusa sibirica* ist eine bis 3 mm große Schlupfwespe mit auffallend langen Fühlern. Sie legt ihre Eier mit dem Legebohrer von außen in die jungen Minierfliegenlarven. Sobald die Schlupfwespenlarven aus den Eiern schlüpfen, fressen sie die Minierfliegenlarve von innen her aus. Sie kann dann zwar noch bis zu ihrer Verpuppung leben, bevor sie abstirbt aber nichts mehr fressen.

Die 2 mm große grün metallisch glänzende *Diglyphus*-Schlupfwespe parasitiert dagegen die Minierfliege, indem sie in die Minengänge der befallenen Blätter je ein Ei neben die dort lebenden Minierfliegenlarven ablegt. Gleichzeitig lähmt sie diese Larven. Die daraus schlüpfende Schlupfwespenlarve macht sich dann von außen über das gelähmte Wirtstier her und ernährt sich von ihm, wodurch dieses abgetötet wird. Diese Wespe benötigt mehr Wärme als die vorgenannte.

Ansiedlung: Zur Bekämpfung der Minierfliegen wird empfohlen einen Mix aus beiden Schlupfwespenarten im Frühling einzusetzen, sobald der erste Minengang (je zehn Pflanzen) auftaucht. Bei der Anwendung darauf achten, dass möglichst keine direkte Sonneneinstrahlung gegeben ist, 18 bis 22 °C Lufttemperatur herrschen und eine hohe Luftfeuchtigkeit vorliegt.

Leptomastidea abnormis und *Leptomastix dactylopii*

Einsatzmöglichkeiten: Diese zwei Woll- und Schmierlaus-Spezialisten werden ebenfalls als Mix eingesetzt, weil sie sich in ihrer Lebensweise ergänzen. Woll- und Schmierläuse bilden eine sehr artenreiche Schädlingsgruppe, die besonders an den Blättern von Zitrus- und vielen Zimmerpflanzen saugen. Diese Läuse sind mit weißen Wachsfäden überzogen und besudeln und verkleben mit ihren Ausscheidungen die Blätter und fördern damit den Befall durch Rußtaupilze.
Wirkungsweise: *Leptomastidea abnormis* ist 1,5 mm groß und bezieht ausschließlich die ersten Larvenstadien. *Leptomastix dactylopii* dagegen wird 3 bis 4 mm groß und bestiftet die Wolllauslarven erst im vorletzten Entwicklungsstadium.
Ansiedlung: Die beiden Schlupfwespenarten eignen sich bei geringerem Befall im Bereich der Innenraumbegrünung, auch weil dort die Raumtemperatur kaum unter 21 °C absinken sollte.

4

5

6

4 *Aphidius colemani* ist nur 2 bis 3 mm groß. Sie bestiftet viele Blattlausarten. Das Weibchen schiebt dazu den Hinterleib mit dem Legestachel zwischen den Beinen durch und presst das Ei in die Blattlaus.

5 *Aphelinus abdominalis* (2 bis 3 mm) peilt ganz vorsichtig die Blattlaus an, dreht sich blitzschnell um 180 Grad und sticht rückwärts gehend den ausgestreckten Legestachel in den Körper der Blattlaus.

6 Am Ende der Parasitierung schlüpft die fertige Wespe, hier *Aphidius ervi*, aus den Überresten einer Blattlaus.

Käufliche Gallmücken-larven

Räuberische Gallmücken können erfolgreich gegen Blattläuse und Spinnmilben eingesetzt werden.

Aphidoletes aphidimyza

Einsatzmöglichkeiten: *Aphidoletes aphidimyza* ist zwar verwandt mit den Gallmücken, die Pflanzen schädigen, ist jedoch selbst ein Nützling, der zahlreiche Blattläuse aussaugt.
Wirkungsweise: Während ihrer fünf- bis sechstägigen Entwicklung saugt die Larve mindestens 20 Blattläuse aus. Die genaue Zahl lässt sich schwer bestimmen, da sie von der Menge der verfügbaren Blattläuse abhängt und je nach Angebot steigt oder fällt. Viele Blattläuse werden dabei auf Vorrat getötet, ohne ausgesaugt zu werden. Aus den Puppen schlüpfen die winzigen Mücken, die sich erst von den Blattlausausscheidungen ernähren und dann je 100 bis 150 Eier in nächster Nähe der Blattläuse ablegen.
Ansiedlung: Für den Einsatz im Gewächshaus werden drei bis fünf Gallmücken pro m^2 vom Züchter empfohlen. Neben einer Temperatur von 18 bis 23 °C sollte auch eine 60-prozentige Luftfeuchte herrschen. Natürlich ist bei Bedarf ein lokal begrenzter Einsatz der Räuberischen Gallmücken auch im Freiland möglich, wenn der Boden locker und feucht genug ist und etwas mehr Nützlinge/m^2 gegeben werden.

Feltiella acarisuga

Einsatzmöglichkeiten: Diese Gallmückenart wird zur Bekämpfung von Spinnmilben im Gemüse- und Zierpflanzenbau, aber auch gegen die Gemeine Spinnmilbe oder die Obstbaumspinnmilbe eingesetzt. Sogar gegen Spinnmilben bei Erdbeeren im Freiland wird der Einsatz von *F. acarisuga* praktiziert. Im Gewächshaus wird ein Mix aus *Feltiella acarisuga* und der Raubmilbe *Phytoseiulus persimilis* von den Nützlingszüchtern empfohlen.
Wirkungsweise: Es werden sowohl von den Larven, als auch von den erwachsenen Gallmücken alle Entwicklungsstadien der Spinnmilbe vertilgt.
Die Gallmücke selbst ist etwa 2 mm groß, rötlich braun und nur nachts aktiv. Die Larven sind 0,5 bis 1 mm groß, orangefarben und sehr flink. Eine Larve kann bis zu 30 Spinnmilben pro Tag oder auch 80 Eier vertilgen. Das Weibchen legt seine ca. 100 Eier immer in der Nähe von Spinnmilben-Kolonien ab. Die Vermehrungsrate der Gall-

mücke ist wesentlich höher als bei Raubmilben.

Ansiedlung: *F. acarisuga* braucht zwar 20 bis 26 °C Lufttemperatur, hat dafür aber geringere Ansprüche an die Luftfeuchte als *Phytoseiulus persimilis*.

Der Versand erfolgt im Puppenstadium in einem Granulat oder auf Blättern. Wobei einzelne Gallmücken schon auf dem Weg schlüpfen können, der Rest schlüpft bei Erhalt der Lieferung innerhalb der nächsten Tage. Nachts suchen sie dann die Spinnmilben auf, in deren Nachbarschaft sie ihre Eier ablegen. Nach etwa zwei Tagen schlüpfen die Larven, nach einer Woche verpuppen sie sich schon. Nach ein bis zwei Tagen schließt sich bereits eine neue Generation an, usw. Diesen zeitlichen Rhythmus muss man kennen, wenn der Nützling nach entsprechender Vorlaufzeit zum gewünschten Zeitpunkt aktiv sein soll.

Einige Beispiele

1 Das Gallmücken-Weibchen legt, wie hier zu sehen, ihre rötlich durchscheinenden Eier direkt unter die Blattlaus ab. Das Besondere dabei ist, dass diese zum eigenen Schutz vor Fressfeinden auch noch mit blattlauseigenem Geruch beduftet sind.

2 Aus den Gallmückeneiern schlüpfen die leuchtend orangeroten Larven, welche die Blattläuse zunächst mit einem Stich lähmen. Je nach Nahrungsangebot wird aber nur ein Teil davon anschließend auch ausgesaugt.

3 Wenn gezüchtete Gallmücken verschickt werden, werden sie für den Versand zum Schutz in ein Granulat (Vermikulite) eingestreut. Dieses wird dann vor Ort in kleinen Häufchen an einer dunklen feuchten Stelle auf den Boden der Befallsfläche verteilt. Bis zur beschriebenen Eiablage vergehen aber erst noch bis zu zehn Tage, die beim Einsatz eingeplant werden müssen.

Käufliche insekten-tötende Nematoden

HM-Nematoden *(Heterorhabditis sp.)*

Einsatzmöglichkeiten: Nematoden sind Fadenwürmer, die im Boden natürlich vorkommen. Sie wirken gegen Dickmaulrüssler und Gartenlaubkäfer. Dickmaulrüssler (s. S. 88) verursachen den typischen Lochfraß an Blättern (s. S. 113) – als hätte man mit dem Locher Löcher in diese hineingestanzt. Viel größer ist jedoch der Schaden, den die Larven dieser Käfer an den Wurzeln im Boden verursachen. Die Engerlinge des Gartenlaubkäfers dagegen befallen vor allem in trockenen Sommermonaten in Rasenflächen Rasenwurzeln.

Wirkungsweise: Die Nematoden der Gattung *Heterorhabditis* werden 0,2 mm lang und bohren sich in die Larven des Dickmaulrüsslers bzw. des Laubkäfer-Engerlings ein. Dort scheiden sie ein Bakterium aus, das die Larven durch Infektion abtötet. Die abgetöteten Larven und Bakterien werden von den Nematoden gefressen und können sich dadurch so lange vermehren, so lange es noch Käferlarven gibt. Der Erfolg der Behandlung hängt aber auch noch davon ab, ob gleichzeitig auch die flugunfähigen, nachtaktiven Käfer am Abend (22 Uhr) immer wieder einmal von den Blättern der befallenen Pflanzen geklopft und aufgefangen werden. Auch in den angrenzenden Gärten sollten diese Behandlungen durchgeführt werden, falls diese auch befallen sein sollten. Der Käfer kann weit laufen, kann deshalb überall sein und auch von allen Seiten neu zulaufen.

Ansiedlung: Mit dem Bestellschein, den man an der Kasse eines Gartenzubehörgeschäftes erwerben kann, werden die Nützlinge angefordert. Der Zeitpunkt für die Behandlung muss sorgsam ausgewählt werden, sowohl in puncto Bodentemperatur als auch in puncto Entwicklungsstadium des Schädlings. Genaue Hinweise finden sich in der Packungsbeilage, die man möglichst genau beachten sollte, sonst hat die Aktion keinen Erfolg! Diese Nematoden werden vom Züchter, in Tongranulat eingebettet, verschickt und sollen bei trüben Lichtverhältnissen ausgebracht werden. Dazu wird das feine Tonpulver mit den Nematoden (mit bloßem Auge nicht erkennbar) aus dem gelieferten Beutel zunächst in einem 10-l-Eimer sauberen Leitungswassers aufgelöst und nun portionsweise (ca. 0,2l) in Gießkannen voll Wasser eingerührt und auf der Befallsfläche ausgebracht. Anschließend die Fläche noch ein paar Tage feucht halten.

SF-Nematoden *(Steinernema feltiae)*

Einsatzmöglichkeiten: Nematoden haben sich auch zur Bekämpfung von Trauermückenlarven bewährt. Neu ist, dass sie auch zur Bekämpfung des Apfelwicklers und der Kirschfruchtfliege eingesetzt werden können. Die Behandlung muss nur großflächig genug erfolgen, da der Apfelwicklerfalter weit fliegt (ca. 100 m) und deshalb eine einzelne kleine Fläche zu behandeln nicht sinnvoll ist. Aber etwa in Kleingartenanlagen mit einer entsprechenden Fläche wäre die Anwendung durchaus denkbar.

Wirkungsweise: Der Vorgang bei Trauermücke und Thrips ist ähnlich wie bei der vorgenannten Art. Im Boden dringen die Nematoden über Körperöffnungen in die Larve ein, geben dort ein Bakterium ab, das eine tödliche Infektion auslöst. Erst dann können sich die Nematoden von den Überresten ernähren.

Da sich die Apfelwicklerraupen teils am Fußstamm in der Rinde des Apfelbaumes verstecken und teils im darunter befindlichen Erdboden vergraben, muss beides behandelt werden.

Ansiedlung: Dem SF-Nematodenpulver wird für die Stammbehandlung ein Netzmittel zum besseren Eindringen in die Rinde zugefügt sowie ein Quellmittel, damit die Brühe und damit die Nematoden nicht zu schnell eintrocknen. Dieses Gemisch muss dann mit der Gartenspritze ausgebracht werden. Der andere Teil der SF-Nematoden wird, wie beschrieben, in den Boden unter der Baumkrone gegossen. Die Anwendung soll im Herbst nach der Ernte erfolgen und die Bodentemperatur darf noch nicht unter 10 °C abgesunken sein. Da sich die Bekämpfung des Apfelwicklers (also des Wurmes im Apfel) auch mit anderen Methoden nicht viel einfacher darstellen lässt, behaupten die Züchter, dass er auf diesem biologischen Weg seit Jahren sehr erfolgreich bekämpft werden kann – die Beachtung der Anwendungsempfehlungen vorausgesetzt. Einige Züchter empfehlen die SF-Nematoden ebenfalls zur Bekämpfung der

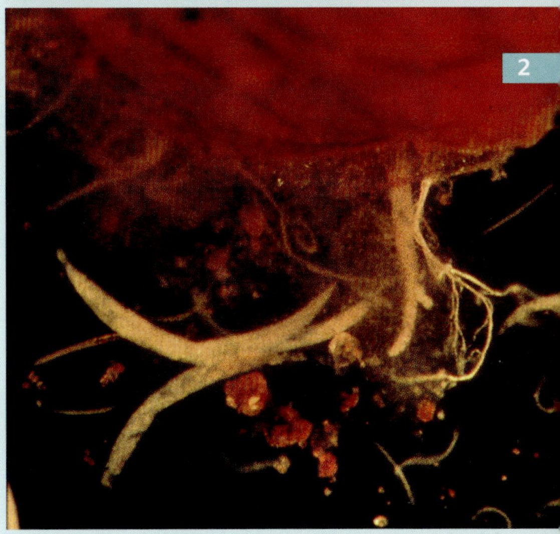

1 Die insektenpathogenen Nematoden werden in einem Pulver versandt. Dieses sollte möglichst genau nach Anweisung mit Wasser angesetzt und verdünnt auf den Befallsflächen verteilt werden.

2 Die insektentötenden Nematoden sind sehr klein (0,2 mm) und mit bloßem Auge nicht wahrzunehmen. In der Vergrößerung, wie hier im Bild, sind es milchig weiße Würmchen, die sich hier aus einem abgetöteten Insekt herausschlängeln.

Kirschfruchtfliege bzw. deren Made (»Wurm«). Die Made fällt nämlich mit der geschädigten Kirsche zu Boden und gräbt sich dort ein. Hier wird sie dann von den rechtzeitig ausgebrachten Nematoden angegriffen und abgetötet, noch ehe sie sich dort zur Überwinterung verpuppen kann.

PH-Nematoden *(Phasmarhabditis hemaphrodita)* gegen Schnecken

Einsatzmöglichkeiten: Für die biologische Bekämpfung der Schnecken im Garten mussten viele Untersuchungen und Versuche angestellt werden, um zu der Erkenntnis zu kommen: Eine Methode allein führt nicht zum Erfolg, aber dafür viele kleine Schritte. Die Liste der natürlichen Feinde der Schnecken ist lang, von den zahlreichen Wirbeltieren über die vielen Insekten bis zu den Indischen Laufenten, alle leisten sie einen wertvollen Beitrag, aber eine Gesamtlösung gibt es nicht. Auch die genannte Nematodenart, *Phasmarhabditis hemaphrodita*, macht hier keine Ausnahme, wirkt aber gegen viele Schneckenarten schon sehr gut. Gegen die weit verbreitete Gartenwegschnecke musste für den Erfolg nur die Dosierung angehoben werden. Aber gegen die Spanische Wegschnecke (*Arion lusitanicus*) war auch die höhere Aufwandmenge nicht ausreichend. Diese widerstandsfähige Schneckenart wird sogar von vielen anderen natürlichen Feinden wegen ihres Geschmacks verschmäht. Aber die vielen verbliebenen Schnecken können gut mit diesen Nematoden unterdrückt werden. Diese Art ist unter 1 mm lang und ist nur mit der Lupe zu erkennen.

Wirkungsweise: Die Pflanzfläche, etwa ein geplantes Gemüsebeet, muss vor der Aussaat oder Bepflanzung mit den Nematoden behandelt werden. Wie die bereits beschriebenen Nematoden leben auch diese in Symbiose mit einem Bakterienstamm, der die tödliche Infektion bei der Schnecke auslöst. Dazu dringt der Nematode über eine Körperöffnung im hinteren Mantelschildbereich in den Körper der Schnecke ein. Hier verursachen die ausgeschiedenen Bakterien eine Schwellung in diesem Mantelschild. Die Schnecke stellt das Fressen ein und stirbt nach etwa zwei Wochen ab. Die Nematoden ernähren sich von den Überresten der Schnecke, vermehren sich in ihr und verteilen sich über das Erdreich, um neue Opfer zu suchen. Diese eigentlich gute nachhaltige Wirkung wird jedoch oft durch die große Zahl natürlicher Feinde der Nematoden geschmälert. Dies macht wiederholte Nachbehandlungen erforderlich.

Ansiedlung: Bei der Anwendung ist zu beachten, dass Nematoden sonnenempfindlich sind und deshalb möglichst abends oder bei bedecktem Himmel ausgebracht werden sollen. Das Tonpulver mit den Dauerlarven der Nematoden sollte zunächst in 5 l Wasser als Stammlösung aufgelöst werden. Diese Lösung mit viel Wasser hoch verdünnen und mit einer Gießkanne über die Befallsfläche in der empfohlenen Aufwandmenge gleichmäßig verteilen.Die Bodentemperatur sollte mehr als 10 °C betragen. Die Erde soll auch nach der Ausbringung der Nematoden feucht gehalten werden.

SC-Nematoden

Einsatzmöglichkeiten: Die Maulwurfsgrille ist zwar auch ein Insektenräuber, aber in Ermangelung von Insekten kann sie großen Schaden in Gartenbeeten anrichten. Meist wandert sie von unkultivierten Nachbarfeldern (z. B. Grünland) in die Gärten ein. Sie kann sich sehr stark vermehren (200 bis 500 Eier pro Weibchen) und ist schwer zu bekämpfen, da sie unter der Erde kaum Feinde hat. Hier können die Nematoden Abhilfe schaffen, wenn sie in der Zeit von April bis Juni - laut Züchterempfehlung - nur gegen die ausgewachsene Maulwurfsgrille großflächig eingesetzt werden. *Steinernema carpocapsae* ist eine Nematodenart, die auch eine schwache Wirkung gegen Eulenraupen und Wiesenschnaken beim Einsatz im Sommer hat.

Wirkungsweise: Die SC-Nematoden bewohnen die oberen Bodenschichten und sind natürliche Widersacher von Maulwurfsgrille, Wiesenschnaken und Eulenraupen, die in der Erde leben. Auch hier gelangen die winzigen (0,8 mm), durchsichtigen Fadenwürmer (Nematoden) über Körperöffnungen der Insekten in den Körper, wo sie ein Bakterium ausscheiden, mit dem sie in einer Gemeinschaft leben (Symbiose) und das dann eine tödliche Infektion in dem Wirtstier auslöst.
Bei der Maulwurfsgrille ist der Bekämpfungserfolg mit Nematoden vielversprechend, während bei den Larven der Wiesenschnaken, nach Auskunft der Züchter, der Erfolg nur mäßig ausfällt. Dafür wird eher eine Kombination mit einem anderen Nützling empfohlen, dem Präparat Biomükk *(Bacillus Thuringiensis israelensis)*. Auch bei Beurteilung der Wirkung auf Erdraupen (Eulenraupen) ist man zurückhaltend.
Ansiedlung: Das Pulver wird, wie oben beschrieben, in der Nähe der unterirdischen Gänge verteilt. Da Nematoden viel Feuchtigkeit brauchen, sollte die Behandlungsfläche vorher angefeuchtet werden, bevor man das hoch verdünnte Tonpulver mit den Nematoden nach genauer Beachtung der Anweisungen der Züchter ausbringt. Auch nach der Behandlung muss die Erde immer befeuchtet werden. Wesentlich für den Erfolg der Behandlung ist die Bodentemperatur: Es sollten mindestens 12 °C in 10 cm Bodentiefe herrschen. Diese Temperatur wird in vielen Gegenden Deutschlands im April noch nicht erreicht! Die Nematoden müssen auch vor direkter Sonneneinstrahlung geschützt werden. Hier hängt der Bekämpfungserfolg auch noch wesentlich vom Nachzug des Schädlings aus den Nachbargrundstücken ab. Der Nachzug von außen kann, wenn überhaupt, nur durch Barrieren wie Beton- oder Metallschwellen, die in den Boden eingesenkt werden aufgehalten werden. Sind Nachbarn ebenfalls von dem Problem betroffen, so sollte die Abwehraktion in gemeinsamer Absprache erfolgen.

1 Die Maulwurfsgrille (ca. 60 mm) hat Schaufelbeine, mit denen sie sich wie ein Maulwurf unter der Erde bewegen kann. Der Körper erinnert an eine große Grille.

2 Diese SC-Nematoden sehen aus wie Glasnudeln. Auch sie werden in einem Tonpulver geliefert. Eine Packung enthält etwa zehn Millionen solcher Fadenwürmer, die für eine Befallsfläche von 20 m² ausreichen.

Käufliche Bakterien

Bekämpft man Schädlinge mit Bakterien, Viren oder Pilzen, spricht man von mikrobiologischer Bekämpfung. Der Schädling nimmt diese Organismen, die sich meist erst in seinem Körper entwickeln, über die Nahrung auf. Die Wirksamkeit der Mikroorganismen hängt dabei wesentlich von der Gefräßigkeit des Schädlings ab. Ausgewachsene Larven oder Vollinsekten sprechen darauf kaum mehr an, weil sie weniger fressen, als in der Wachstumsphase. Es werden hauptsächlich frei fressende Insekten erfasst. Die Wirtstiere können auch natürliche Abwehrmechanismen gegen die Krankheiten entwickeln. Dennoch sollen ein paar Beispiele beschrieben werden, die sich zum Einsatz in der Praxis eignen und sich schon bewährt haben.

Bacillus thuringiensis (BT)

Einsatzmöglichkeiten: 1911 gelang es zum ersten Mal einen Bazillus zu isolieren, der bei der Mehlmotte eine seuchenhafte Krankheit verursachte, die Schlaffsucht. Entdeckt wurde dieser Bazillus in Raupen aus Thüringen, so entstand der Name *Bacillus thuringiensis*.

Der Boden-Bacillus BT wird heute in verschiedenen Zuchtstämmen und unter diversen Namen im Handel angeboten:

- *BT var. tenebrionis* wirkt gegen schädliche Blattkäferlarven.
- *BT var. kurstaki* wirkt gegen Raupen aller Art im Obst-, Gemüse-, Zierpflanzen- und Weinbau und ist unter den Handelsnamen Raupenspritzmittel Neudorff, Dipel, Delfin im Handel.
- *BT var. israelensis* wirkt gegen die verschiedenen lästigen (Stech-)Mücken, Wiesenschnaken, Trauermückenlarven und ist unter den Handelsnamen Neudomück Neudorff und BioMükk erhältlich.
- *BT subspec. aizawai* wirkt gegen Raupen im Obst-, Wein- und Gemüsebau und ist in Präparaten mit den Handelsnamen Turex, XenTari Biofa enthalten.
- *BT tenebrioides* ist ein Stamm, der u. a. gegen Kartoffelkäfer eingesetzt werden kann.

Die Präparate haben auch noch eine gute Wirkung gegen zahlreiche andere Schadraupen im Gemüse-, Obst-, Wein-, Land- und Forstbau, z. B. gegen den Eichenwickler, den Ringelspinner, den Grünen Knospenwickler, den Bodenseewickler, den Frostspanner, Gespinstmotten, das Goldafter, den Schwammspinner, die Kohlmotte, den Kohlweißling sowie den Maiszünsler.

Wirkungsweise: Das Sporenpräparat wird erst im Darmkanal der Raupe durch den Verdauungssaft aufgelöst. Neben der Bazillusdauerspore wird auch ein sporenähnliches Kristall frei, das eine Darminfektion hervorruft, indem es die Darmwand auflöst. Die Bakterien gelangen so in die Körperhöhle. Innerhalb von 24 Stunden hört das befallene Insekt auf zu fressen. Die *Bacillus-thuringiensis*-Präparate haben den großen Vorteil, dass sie nur auf den anvisierten Schädling wirken und ohne Gefahr für andere Insekten, einschließlich der Bienen, für höhere Tiere oder gar den Menschen angewandt werden können. Für den Hausgarten können diese rein biologisch wirkenden Mittel mit diesen optimalen Eigenschaften zur direkten Schädlingsabwehr für den Notfall empfohlen werden!

Ansiedlung: Heute ist dieser Bazillus, oder besser dessen Sporen und Kristalle, als Spritzmittel auf dem Markt erhältlich. Es kann mit den üblichen Pflanzenschutzgeräten ausgebracht werden. 25 Milliarden Sporen sind in 1 g enthalten. Man verwendet 300 bis 2000 g pro ha. Das Präparat muss so ausgebracht werden, dass es von der Raupe mit der Nahrung aufgenommen wird. Auch die Menge der aufgenommenen Bazillensporen ist für den Bekämpfungserfolg entscheidend. Die Temperatur sollte während der Anwendung möglichst über 15 °C liegen.

Einige Beispiele

1 Für die Kohlkulturen ist der Große Kohlweißling eine Bedrohung, weil sich die Raupen der Juni-Generation auch in den Kohlkopf einfressen.

2 Die Kohlweißlingsraupen treten meist in Gruppen zu 20 Stück auf einem Kohlkopf auf. Oft führt das zum Kahlfraß!

Käufliche Viren

Viren sind in unserer Umwelt allgegenwärtig (z. B. Grippevirus). Auch Schädlinge können von Viren befallen werden.

Granulose-Virus

Einsatzmöglichkeiten: Der Anwendungsbereich der beschriebenen *Bacillus-thuringiensis*-Präparate (s. S. 74) weist leider schnell Lücken auf. Denn durch die aus technischen Gründen erforderliche Ausbringung mit der Spritze, erreicht man meist nur frei fressende Raupen. Alle versteckt lebenden Raupen, wie z. B. Wicklerraupen, die in einem Blattwickel sitzen, bleiben verschont. Eine dieser versteckt lebenden Raupen ist auch der Apfelwickler (Wurm im Apfel). Neuerdings sind nun auch für verschiedene Arten der Wicklerraupen spezielle, biologisch wirkende Präparate zur direkten Bekämpfung im Handel, die unter der Bezeichnung Virus-Präparate zusammengefasst werden.

Wirkungsweise: Beispielhaft sei hier der Einsatz von Granupom gegen Apfelwickler herausgegriffen: Die frisch schlüpfenden Raupen sollen das Virus-Granulat mit der Nahrung aufnehmen. Sobald das geschehen ist, wird es vom Darmsaft aufgelöst und die Virionen infizieren die Zellen der Darmwand. Durch diese Infektion geht die Raupe ein. Die Viren leben und vermehren sich in der Nähe ihres Wirtstieres ständig weiter und wenn die Winter nicht allzu streng sind, können sie dort auch überwintern. Mit den Jahren können sich die Viren sogar einbürgern und so eine Art ständige Abwehrfront aufbauen. Im Frühjahr könnte man dann zur Eiablage der neuen Apfelwickler-Generation sogar auf dem Virus-Potenzial aus dem Vorjahr aufbauen. Das Präparat ist für andere Lebewesen absolut unbedenklich und eignet sich deshalb besonders für den Hausgarten. Die Wirkung auf die Raupen ist sehr gut, zumal es derzeit keine vergleichbaren derart selektiv wirkenden Präparate gibt.

Ansiedlung: Das Präparat, aufgelöst in der berechneten Wassermenge, muss mit der (Rücken-) Spritze ausgebracht werden. Das ausgebrachte Präparat hält sich unabhängig vom Wetter zwar ziemlich stabil auf den Blättern (der Fruchtschale), dennoch sollte die Prozedur nach zehn Tagen wiederholt werden: Einmal weil die Eiablage sich auch länger hinziehen kann und zum anderen, weil die Früchte und Blätter in der Zwischenzeit weiter wachsen und dann ungeschützte Stellen aufweisen können.

Die handelsüblichen Präparate heißen Granupom, Madex 3 oder Carpovirusine, Granupom N, Neudorff's Raupenspritzmittel usw. Alle haben ein Verfallsdatum, das vor jeder Anwendung unbedingt beachtet werden soll, damit die Aktivität der Viren auch noch gewährleistet ist!
Ein notwendiges **Hilfsmittel**: die Pheromonfalle. Nachdem die Eiablage ja in direktem Zusammenhang mit der Paarungszeit steht und die Männchen und Weibchen sich mit einem Duftstoff über weite Strecken finden, den das Weibchen in dieser Zeit abgibt, entstand die Idee diesen Lockstoff nachzubauen. Die Männchen sollen damit geködert und in eine klebrige Falle gelockt werden. Nach vielen Versuchen ist es gelungen, dieses Ziel zu erreichen. Die Lockstofffallen sind mittlerweile überall im Handel erhältlich.

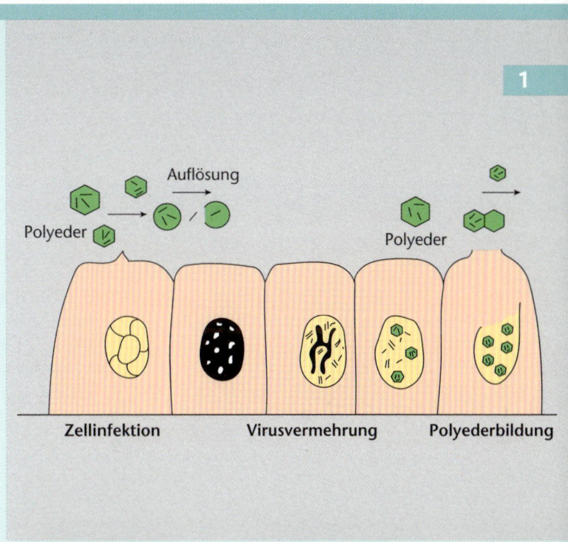

Einige Beispiele

1 Die Grafik zeigt die Entwicklung und Vermehrung des Granulose-Virus in den Darmzellen der Apfelwicklerraupe.

2 So sieht eine aus zwei Blumentöpfen gefertigte Pheromonfalle aus. Über die Löcher im Boden der Töpfe werden die Faltermännchen nach innen auf den Leim gelockt und bleiben dort kleben. Vorteil: Durch die vorgegebene Größe der Löcher in den Topfböden werden fast nur die Schadschmetterlinge in die Falle gelockt, die gesucht werden und größere Insekten aussortiert.

3 Eine geöffnete Blumentopffalle gibt den Blick auf die Lockstoffkapsel in der Mitte frei, in die der Duftstoff (nicht zu erkennen) eingeschweißt ist. Aus dieser entweicht der Duft ganz langsam. Daneben sind die bereits gefangenen Falter zu sehen, die durch den Lockstoff angezogen werden.

Nicht spezialisierte Schädlinge

Es gibt Schädlinge, die gleichzeitig auf verschiedenen Kulturpflanzen vorkommen, beispielsweise einzelne Blattlausarten. Sie können an den Blättern verschiedener Pflanzen saugen und gehören zu den unspezifischen Arten. Andere Arten sind jedoch hoch spezialisiert auf nur eine oder zwei Pflanzenarten, zwischen denen sie hin- und herwechseln. Sie haben sich so eng an den Lebensrhythmus ihrer Wirtspflanzenart angepasst, dass sie diese nach kleinsten Veränderungen wieder verlassen müssen (z. B. zwischen einer Winter- und Sommerwirtspflanze wechseln). Diese spezifischen Arten sind also auf die einzelnen Pflanzenarten angewiesen und können nicht von der einen auf die andere überwechseln. Eine Rosenblattlaus z. B. kann nicht einfach auf den daneben stehenden Salatkopf oder den Obstbaum überwechseln. Es gibt eben eine Rosen-, eine Salat- sowie eine Obstbaumblattlaus. Daneben kennt man aber auch Blattlausarten, die z. B. Pfirsich- oder Bohnenblattlaus heißen, aber sich im Laufe der jahrelangen Bekämpfung zu gefürchteten Wirtschaftsschädlingen in Kartoffel- oder Getreidekulturen entwickelt haben, also ihre Wirtspflanze gewechselt haben. Dazu kommt es nicht zufällig, sondern weil sich die Pflanzen aufgrund äußerer Einflüsse und durch ihr natürliches Wachstum so stark verändern, dass dieser Wechsel möglich oder notwendig wird. Dazu genügt schon eine Veränderung in der Zusammensetzung der Inhaltsstoffe im Saftstrom der Wirtspflanze oder in der Oberflächenbeschaffenheit eines Blattes.

Diese Fähigkeiten zur Anpassung zeigen natürlich nicht nur Blattläuse, sondern in Variationen auch Spinnmilben, Schmetterlingsraupen, Schadkäfer, Schnecken und viele andere. Eine kleine Auswahl dieser Schädlingsgruppen wird im folgenden Kapitel beschrieben.

Kenntnis der Lebensweise

Es ist zwingend erforderlich, gut über die Lebensweise und -form von Schaderregern Bescheid zu wissen, um ihren Angriff gezielt abwehren zu können. Sonst entdeckt man den Schaden vielleicht erst in einem Stadium, in dem eine Bekämpfung nicht mehr sinnvoll ist. Der berühmte Wurm im Apfel lässt sich nicht mehr bekämpfen, sobald er sich einmal in die Frucht eingebohrt hat. Er kann auch nicht vorher bekämpft werden - wie man das früher mit der lange Zeit praktizierten Austriebsspritzung im März/April bewirken wollte. Die Raupe befindet sich dann noch in ihrer Überwinterungsphase im Boden. Erst wenn das Falterweibchen sich mit Eierlegen beschäftigt (in Deutschland etwa Ende Mai bis Mitte Juni), hat man die Möglichkeit für eine gezielte Bekämpfung (sollte es eine 2. Raupengeneration geben, wiederholt sich diese Möglichkeit natürlich). Man muss also wissen, woher die kleine Raupe kommt und wann sie kommt, um sie vor dem Einbohren in den Apfel abwehren zu können. Also enthält die Kenntnis über die Lebensweise eines Schädlings den Schlüssel für eine erfolgreiche Schadensabwehr.

1

2

Einige Beispiele

1 Die Raupe des Apfelwicklers überwintert fest eingesponnen und geschützt in einem Kokon, den sie im Herbst in der Nähe des Wirtsbaumes in der Erde oder auch in der Rinde des Fußstammes anlegt. Erst im April/Mai des Folgejahres verpuppt sich die Raupe. Für den Zeitpunkt des Schlupfes des Falters ist die herrschende (Boden-)Temperatur entscheidend - je wärmer, je südlicher in Europa, desto früher.

2 Die **Grünfleckige Kartoffelblattlaus** *(Aulacorthum solani)* ist ein gefürchteter Schädling im Kartoffelanbau, vor allem weil sie auch als Überträger von Viruskrankheiten fungiert. Diese Blattlausart kommt mittlerweile auch auf vielen anderen Kulturen im Gewächshaus vor, so wie hier beispielsweise auf der Blattunterseite einer Fuchsie.

Blattläuse

Blattläuse

Die wichtigste Schädlingsgruppe im Garten soll hier den Anfang machen.

Aussehen: Blattläuse sind grüne, gelbe, rote, schwarze, bepuderte, gemusterte oder strukturierte saugende Insekten mit sechs Beinen, zwei meist langen, viergliedrigen Fühlern, einem kräftigen Saugrüssel und zwei nach hinten gerichteten »Röhrchen«, den sogenannten Siphonen. Die unterschiedlichen Körperlängen sind sowohl entwicklungs- wie auch artbedingt und reichen von wenigen bis zu 10 mm. Im Sommer entstehen in den Kolonien zur besseren Ausbreitung im Gelände auch geflügelte Exemplare.

Vorkommen: Bei uns unterscheidet man bis zu 800 verschiedene Blattlausarten, die sich nahezu auf alle Pflanzenarten verteilen.

Lebensweise: Blattläuse leben vielfach in Kolonien auf verschiedenen Kulturpflanzen zusammen. Je nach Art sitzen sie am Stängel, an Triebspitzen oder Blättern. Sie stechen mit ihren Saugrüsseln tief in die Blätter ein und saugen die Zellen aus. Dadurch entstehen nicht selten auch Verkrüppelungen an Blättern und unverholzten Trieben, die durch den Speichel verursacht werden. Parallel werden mit dem Saugrüssel oft auch schlimme Viruskrankheiten auf die Pflanzen übertragen.

Durch die Siphonen scheiden die Blattläuse eine glasklare Zuckerlösung aus, mit der sie nicht selten die Pflanzen oder Früchte besudeln. Diese Zuckerlösung ist für viele andere Insekten eine willkommene kalorienhaltige Nahrung, mit der unter anderen Ameisen und Wespen sich und ihre Brut füttern. Gleichzeitig wird den Ameisen auch nachgesagt, dass sie junge Blattläuse zur Gründung von neuen Kolonien auf andere Pflanzenteile verbringen. Das stimmt, aber nur zum Teil. Mehr als 80 Prozent werden in die Ameisen-Nester abtransportiert und verfüttert.

Die Blattlausweibchen sind lebend gebärend! Ihre Nachkommen sind innerhalb von zwei Wochen ebenfalls gebärfähig. So kann eine einzige Blattlaus rein rechnerisch bis zum Herbst zwei Millionen Nachkommen haben! Gott sei Dank kann die Schar der natürlichen Blattlausfeinde dies jedoch weitgehend verhindern! Deshalb nennt man die ersten Blattläuse, die im Frühjahr aus den Wintereiern schlüpfen, Stammmütter. Bei anderen Blattlausarten können auch ausgewachsene Exemplare überwintern. Dann verschiebt sich die Eiablage in das Frühjahr. Meist gibt es erst im Herbst eine Generation (geflügelter) Männchen, die die Weibchen für das kommende Jahr befruchten, was der genetischen Arterhaltung dient. Die Befruchtung ist aber nicht für alle Weibchen zwingend erforderlich.

Bekämpfung: Angesichts einer solch rasanten Fortpflanzung stellt sich die mechanische Beseitigung der Blattlausstammmütter im Frühjahr (April) als besonders effektive Abwehrmaßnahme dar. Da mit jeder einzelnen Blattlaus gleichzeitig die gesamte Nachkommenschaft eines Jahres vernichtet wird! Es kommt dabei nicht so sehr darauf an, akribisch alle Stammmüttern auszumerzen, sondern diese, so gut es geht, bei den Kontrollgängen durch den Garten im Frühjahr ganz nebenbei zu entfernen (z. B. mit den Fingern abzustreifen und zu zerdrücken oder sie mehrfach mit einem Wasserstrahl abzuspülen). Den Rest besorgen dann die zahlreich vorhandenen, natürlichen Blattlausfeinde. Wovon sollten sie sich sonst ernähren?

Unter den idealen Lebensbedingungen im Gewächshaus stellen Blattläuse dagegen oft ein großes Problem dar: z. B. die **Grüne Gurkenblattlaus** *(Aphis gossypii)* im Gurkenanbau oder die **Schwarze Bohnenblattlaus** *(Aphis fabae)* an Ziersträuchern. Hier stellt der Einsatz gezüchteter Nützlinge oft eine gute Lösung dar.

Empfohlen werden häufig auch Stärkungsmittel verschiedener Rezeptur. Sie sind jedoch nur prophylaktisch wirksam.

1 Viele Blattlausarten sind zwar grün, aber sie unterscheiden sich beim genauen Hinsehen mit der Lupe alle, beispielsweise durch Streifen, Flecken oder Strukturen an bestimmten Stellen ihres Körpers. Im Bild die **Grünfleckige Kartoffelblattlaus** (*Aulacorthum solani*). Bei genauerer Betrachtung kann man die dunkelgrünen Stellen (Flecken) seitlich am hinteren Körperende erkennen.

2 Die **Schwarze Hibiskusblattlaus** wurde schon an 200 verschiedenen Wirtspflanzenarten (hauptsächlich in Europa) beobachtet, bis man festgestellt hat, dass sie eigentlich mit der **Schwarzen Bohnenlaus** *(Aphis fabae)* identisch ist, die auch an vielen krautigen (Kultur-) Pflanzen vorkommt.

Spinnmilben

Spinnmilben gehören nicht zu den Insekten, sondern zu den Spinnentieren *(Acari/Tetranychidae)*. Sie können sich rasant vermehren, wenn es warm, trocken und windstill ist. Durch die punktartigen Saugstellen auf den Blättern verursachen sie zunächst nur einen optischen Schaden, der aber schnell bis zum Totalausfall der Pflanzen führen kann.
Aussehen: Sie haben acht Beine, sind sehr klein (0,5 mm) und nur mit einer guten Lupe zu erkennen. Deshalb übersieht man die Anfänge eines Spinnmilbenbefalls leicht und entdeckt ihn meistens erst, wenn es schon zu spät ist, z. B. wenn die Blätter oder Blattachseln einer Zimmerpflanze schon mit einem silbernen Spinnennetz überzogen sind, in dem sich winzige »Punkte« gemächlich bewegen: die Spinnmilben. Im Volksmund heißen sie einfach nur Rote Spinne: Gemeint sind damit aber mehrere Arten, u. a. die **Obstbaumspinnmilbe** *(Panonychus ulmi)*. Sie ist wirklich rot. Die **Gemeine Bohnenspinnmilbe** (*Tetranychus urticae)* dagegen ist nur in den ersten Entwicklungsstadien rot und wird dann grün, mit den zwei typischen dunklen Punkten links und rechts an der Körperseite.
Lebensweise: Die **Rote Obstbaumspinnmilbe** lebt auf Apfel, Birne, Zwetschge und auf Beerensträuchern. Sie überwintert in winzigen (0,3 mm), zwiebelförmigen Eiern, die an der Unterseite von Ästen auf die Rinde geklebt werden. Sie sind absolut winterhart. Im April verlassen die Spinnmilben ihre Eier und können sich bei hohen Temperaturen explosionsartig vermehren. Bei einem neuerlichen Kälteeinbruch können sie andererseits auch stark reduziert werden. Die befallenen Blätter drehen sich ein, werden bronzefarben und gehen ein, wenn man nicht rechtzeitig etwas dagegen unternimmt. Die **Gemeine Bohnenspinnmilbe** (s. S. 105) ist ebenso gefährlich und befällt viele Zierpflanzen und Gemüsekulturen, die im Gewächshaus gezogen werden. Dort sorgt die Sonneneinstrahlung für ideale Bedingungen zur raschen Vermehrung dieser Mini-Sauger. Auch hier muss man die Pflanzenbestände immer wieder kontrollieren, damit sich die Schädlinge nicht zu einer großen Überraschung auswachsen können.
Vorkommen: Die **Obstbaumspinnmilbe** verursacht große Schäden im Freiland auf Obstbäumen. Die **Gemeine Bohnenspinnmilbe** kommt hauptsächlich im Innenbereich vor, im Glashaus, Wintergarten, Blumenfenster etc.

Bekämpfung:
Ehe Pflanzenschutzmittel im Freiland zum Einsatz kommen, sollte man abwarten, ob nicht eine Rückkehr des Winters für eine natürliche Dezimierung des Spinnmilbenbefalls sorgt. Bei den Spinnmilben gibt es mehr oder weniger unspezifische Arten, die im Freiland bei günstigen (Witterungs-)Bedingungen zu Problemen heranwachsen können. Eine Abwehr ist jedoch nur in gravierenden Befallssituationen sinnvoll und dann nur gegen den Eibesatz. Z. B. können auf Obstbäumen im Frühjahr vor dem Austrieb, je nach Empfehlung, schwefel- oder ölhaltige Pflanzenschutzmittel zum Einsatz kommen.
Im Gewächshaus stellen Spinnmilben wegen der geradezu idealen Lebensbedingungen - trocken, warm und windstill - eine große Gefahr dar. Explosionsartige Vermehrung ist keine Seltenheit Eine ganze Reihe von Raubmilben und anderen gezüchteten natürlichen Feinden schaffen hier Abhilfe.

Einige Beispiele

1 Auch Oleanderbüsche werden leicht von der **Gemeinen Bohnenspinnmilbe** befallen, besonders wenn sie zu warm und zu trocken überwintert werden oder im Sommer auf einer windgeschützten Südterrasse (hohe Temperaturen bei Sonne) stehen.

2 Die **Gemeine Bohnenspinnmilbe** *(Tetranychus urticae)* ist mit der Lupe sehr leicht an den beiden dunklen Flecken links und rechts am Körper zu erkennen. Die überwinternden Weibchen sind auffallend orangerot und überstehen auch strenge Winter. Im Frühjahr, wenn sie wieder an den Blättern saugen, verwandeln sie sich in die ursprüngliche Sommerform mit den dunklen Flecken zurück.

1

2

Schmetterlingsraupen

Raupen werden nur die »Kinder« von Schmetterlingen genannt, die ja allgemein leicht zu erkennen sind. Doch gibt es Larven, z. B. von Sägewespen, die ihnen sehr ähnlich sehen – aber eben keine Raupen sind.

Raupen haben eine Kopfkapsel mit großen Augen, ein (dunkleres) Rückenschild, im Brustbereich haben sie drei fein gegliederte Beinpaare. Im Bauchbereich schließen sich noch einmal ein bis vier Beinpaare an und hinten noch ein Paar, die sogenannten Nachschieber. Diese Beine sehen aber eher wie Stummel aus, auf deren Sohlen sich unterschiedlich angeordnete Hakenkränze befinden, mit denen sie sich an der Unterfläche festkrallen können. Es gibt unterschiedliche Arten, die Wickler-, Spanner-, Spinner- oder Eulenraupen usw. heißen.

Im Gegensatz dazu haben die Sägewespenlarven (s. S. 108) nur winzige Augenpunkte, kein Rückenschild, dafür aber ebenfalls die feingliedrigen Beinpaare vorne und die sechs Stummelbeinpaare in der Mitte. Am Ende findet man auch hier ein Paar Nachschieber. Am Hinterleib ist auf der Oberseite eine kleine Chitinplatte zu sehen (daher auch der wenig gebräuchliche Name Afterraupe), die es bei Raupen nicht gibt.

Auch die Fliegenmaden (z. B. von der Kirschfruchtfliege, S. 110) werden häufig mit den Raupen verwechselt. Fliegenmaden haben aber keine Beine, keinen Kopf und keine Augen – nur ein Vorderende, mit dem sie ihre Nahrung ertasten und mit einem Mundhaken festhalten und aussaugen können.

Ganz allgemein ist der Lebenslauf von Schmetterlingen (wie von vielen anderen Insekten auch) in vier Entwicklungsstadien gegliedert: Ei – Raupe – Puppe – Schmetterling. Wobei der eigentliche Schädling meist die Raupe ist. Sie frisst die Blüten, Blätter, Knospen oder Früchte der Pflanzen. Nach vier Larvenstadien (Häutungen) zieht sich die Raupe in die Puppe zurück. Nach der Puppenruhe (acht bis zehn Tage) schlüpft aus der Puppe der Falter. Der Falter selbst nascht bestenfalls einmal am Blütennektar oder an den Pollen, aber er verursacht keinen Schaden (außer, dass er die Eier legt, aus denen wieder die nächsten Raupen schlüpfen). Im Gegenteil, viele Falter spielen bei der Blütenbestäubung eine wichtige Rolle – viele sind obendrein auch noch sehr schön anzuschauen.

Welches Entwicklungsstadium sich nun für Abwehrmaßnahmen am besten eignet, hängt allein

vom Lebenslauf der jeweiligen Art ab, weil die Raupen ja auch sehr versteckt leben können (z.B. Wicklerraupen).
Nachfolgend sollen nun ein paar Beispiele beschrieben werden, bei denen die Raupen auf wechselnden (Kultur-)Pflanzen schädlich werden können.

1

2

3

Frostspanner

Große Bedeutung im Garten hat der Frostspanner im Frühsommer. Spannerraupen heißen so, weil sie bei ihrer Fortbewegung Zwischenräume überspannen können, indem sie sich auf den beiden hinteren Beinpaaren aufrichten und mit den Vorderbeinen am anderen Ende auf dem nächsten Blatt festkrallen können. Wenn sie dann das Hinterende mit den Nachschieberbeinen nachziehen, machen sie den »Katzenbuckel«, der für diese Raupenart so typisch ist.
Aussehen: Die Raupe des Kleinen Frostspanners ist hellgrün mit gelblich-weißen Längsstreifen. Die Raupe des Großen Frostspanners ist braunschwarz und sehr dekorativ gemustert (s. S. 99).

1 Hier macht eine Raupe des **Kleinen Frostspanners** den typischen Katzenbuckel.

2 Hier wurden die zusammengesponnenen Blätter einer Rose vorsichtig auseinandergezogen und die Raupe des Rosenwicklers *(Cacoecia rosana)* entdeckt. Sie spinnt die feinen Blättchen der Triebspitzen zusammen und hemmt dadurch die Entwicklung des Triebwachstums und der Blütenbildung.

3 Wenn die Raupe ausgewachsen ist, setzt sie sich in einer Puppe zur Ruhe (Puppenruhe), im Bild eine Rosenwicklerpuppe. Nach etwa acht bis zehn Tagen schlüpft dann der Schmetterling aus der Puppe.

Lebensweise: Frostspanner kommen auf vielen Bäumen und Sträuchern vor, wo sie hauptsächlich Blätter fressen. Mittels Spinnfaden können sie sich über weite Strecken hin ausbreiten.
Das Weibchen des Frostspanners kann im Gegensatz zu seinen männlichen Artgenossen nicht fliegen und muss deshalb am Stammgrund eines Baumes warten, bis das Männchen, durch einen spezifischen Duftstoff angelockt, zur Paarung kommt. Damit es die schlüpfenden Räupchen später nicht mehr so weit haben, um an die ersten Blättchen zu gelangen, muss das Weibchen zu Fuß auf die Bäume hoch krabbeln. Dort legt es seine 100 bis 200 schmutzig orangeroten Eier in die Rindenritzen von Ästen und Knospen ab. Im März und April entdeckt man die ersten kleinen Frostspannerraupen.Es können auch Früchte (Äpfel, Kirschen, Pflaumen), Blüten und Blattknospen angefressen und beschädigt werden.
Vorkommen: Es gibt Jahre und auch Regionen, in denen die Frostspannerraupen kaum auf Bäumen und Sträuchern auftreten und dann plötzlich wieder in großer Zahl.
Bekämpfung: Von Ende Oktober bis Anfang Mai werden Leimringe an den Stämmen von Bäumen und Sträuchern dicht schließend angebracht. Die aufwärts kletternden Weibchen bleiben daran hängen und die Eiablage fällt weitgehend aus. Gleichzeitig gibt die Zahl gefangenen Weibchen auch einen Hinweis darauf, wie stark der Befall zu erwarten ist.
Aber Achtung: Wegen der Gefahr, dass sich auf den Leimringen mehr Nützlinge fangen als Schädlinge, sollten sie im März wieder abgenommen werden! Auf dem Weg zur Verpuppung werden Frostspanner vielfach Opfer der verschiedenen Insektenfresser wie Vögel, Hühner, Kröten oder Käfer.

Wicklerraupen

Aussehen: Man bekommt Wicklerraupen nur schwer zu Gesicht, da sie eingesponnen und damit verborgen leben. Die Jungraupen (1 bis 2 mm) sind meist grünlich, die ausgewachsenen grünlich, gelblich oder rötlich, meist gemustert, 3 bis 4 cm lang, sehr schlank und recht quirlig.
Lebensweise: Durch eine raffinierte Spinntechnik vermögen Wicklerraupen frisch ausgetriebene Blättchen, meist an den Triebspitzen (z. B. an Rosen), zusammenzuwickeln und hemmen so die Pflanzenentwicklung. Auf diese Weise schützen sie sich vor dem Angriff natürlicher Feinde. Selbst wenn man nun versucht derart zusammengesponnene Blätter vorsichtig auseinanderzuwickeln, um die Raupe zu beseitigen, entzieht sie sich oft durch blitzschnelles Rückwärtsschlängeln und lässt sich an einem Spinnfaden zu Boden fallen.
Vorkommen: Im Garten finden wir Knospen-, Rosen-, Trauben- oder allgemein Schalenwickler. Man entdeckt sie eingesponnen in Blattknäueln oder hinter Rinden- und Knospenschuppen.
Bekämpfung: Es empfiehlt sich, die kleinen Räupchen in den deutlich sichtbaren zusammengesponnenen Blättchen von Hand zu zerdrücken.

Der Apfelwickler

Aussehen: Der Wurm im Apfel ist die Raupe des Apfelwicklers *(Carpocapsa pomonella)*. Sie bohrt sich auch in Birne, Quitte, Pfirsich, Walnuss u.a. ein. Sie wird meist erst dann gesehen, wenn man den befallenen Apfel aufschneidet und nach der weißen, leicht rötlichen Raupe mit den kleinen Punkten auf der Seite und dem großen braunen Kopf sucht. Die ersten winzigen Einbohrstellen (s. S. 107/4) übersieht man jedoch sehr leicht. In diesem Stadium sind die nur 2 bis 3 mm großen Räupchen eher gelblich.
Lebensweise, Vorkommen, Bekämpfung dieses Schädlings wurden bereits an mehreren Stellen des Buches beschrieben: siehe dazu Seiten 106ff.

4 Nur wenn man den befallenen Apfel vorsichtig aufschneidet, bekommt man die Raupe des **Apfelwicklers** zu Gesicht. Die Raupe hier ist bereits ausgewachsen und dürfte gerade dabei gewesen sein, sich aus dem Apfel herauszuwinden und an einem Spinnfaden zu Boden zu lassen, um sich in der Nähe des Stammes zur Puppenruhe, bzw. zur Überwinterung, im Boden einzuspinnen.

5 Die Raupe des **Goldafterspinners** *(Euproctis chrysorrhoea)* sieht als einzelne Raupe hübsch und ungefährlich aus. Doch kommt diese Raupe selten alleine vor, sondern zieht zu Hunderten über fast alle heimischen Bäume und Sträucher her, indem sie auf der Rinde silberne Netze und »Straßen« spinnt und in Gemeinschaft alles kahl frisst. Die Raupe ist auf dem Rücken mit zarten (Brenn-)Härchen besetzt, die sie bei Gefahr abstoßen kann. Sie sind für den Menschen zumeist gesundheitsschädlich und verursachen ein Brennen und Jucken. Noch im Herbst spinnen sich die Raupen der nächsten Generation gemeinschaftlich in die typischen Gespinsttaschen (s. S. 95/5) für den Winter ein. Diese sind weithin sichtbar und könnten zur Abwehr ausgeschnitten werden.

6 Eine wunderschöne Raupe (50 mm groß), die gleichzeitig auch vom schönsten Schmetterling Europas, dem **Schwalbenschwanz** (*Papilio machaon,* Tagfalter/*Papilionidae)*, stammt, frisst hier an Dill. Sie mag aber auch Möhren- und Karottenkraut (Doldengewächse). Sie käme auch auf zahlreichen Wiesen vor, wenn diese nicht immer gemäht und damit die Eier und Raupen getötet würden. Der Schwalbenschwanz gilt als »geschützt«.

4

5

6

Käfer

Große Schadkäfergefahr geht derzeit vom Dickmaulrüssler (Breitmaulrüssler) aus, der sehr viele Wirtspflanzen hat und sich ständig weiter ausbreitet: Man unterscheidet fünf verschiedene Rüsselkäferarten, die vom Schadvorgang her sehr ähnlich sind und hier deshalb zusammengefasst werden können:

Aussehen: Es sind Rüsselkäfer mit kurzem Rüssel, bis 10 mm lang. Ihre Oberseite ist meist gekörnt, schwarz bis braun gefärbt und zeigt hellere Punkte auf dem Rücken. Der Rückenpanzer ist sehr stabil. Die kräftigen Beine stehen beim Laufen weit vom Körper ab.

Lebensweise: Die Alt-Larven des Dickmaulrüsslers von Vorjahr fressen noch von April bis Mai gut geschützt im Boden an den feinen Pflanzenwurzeln unterhalb des Wurzelhalses in lockerer, humoser Erde. Sie verursachen den Hauptschaden, weil die Pflanzen durch den Wurzelverlust zunächst kümmern und dann eingehen. Die Larven leben bevorzugt in Torferde oder Kompost bevor sie sich dort verpuppen. Parallel zu den Larven tauchen nächtens auch noch ohne Käfer aus dem Vorjahr auf, die bei warmer Witterung den typischen Buchtenfraß (s. S. 113/1 u.2) an den Blättern ihrer zahlreichen Wirtspflanzen verursachen, z. B. an Rhododendron, Kirschlorbeer, Erdbeeren. Ab Ende Mai entdeckt man die Käfer vermehrt beim Hochklettern z. B. an Hauswänden. Tagsüber verstecken sie sich unter Steinen oder in Kiesschüttungen, die oft um Gebäude herum angelegt sind, in Mauerritzen oder in den oberen

Bodenschichten in der Nähe ihrer Wirtspflanzen. Ab Anfang Juni legen die Käfer bis zu 1000 Eier ab. Ob Weibchen oder Männchen (weniger als ein Prozent), jeder Artgenosse ist zur Eiablage fähig (Parthenocarpie)! Hauptablagezeitraum ist August/September.

Vorkommen: Die Käfer haben sich seit der vermehrten Verwendung von Trögen, Kübeln und großen Töpfen auf Terrassen und in unseren Gärten sehr stark ausgebreitet. Durch den Zukauf von befallenen Pflanzen nimmt der Bestand weiterhin ständig zu. Auch weil die Käfer weit laufen können, kommen ständig von außen neue dazu.

Bekämpfung: Die Bekämpfung ist deswegen so schwierig, weil die Larven im Boden mit herkömmlichen Abwehrmethoden gar nicht erreicht werden. Nun gibt es einen biologischen Weg aus dem Dilemma: Es wurden Nematoden entdeckt, mit denen die Larven gut bekämpft werden können, wenn die Anwendungshinweise und die damit verbundene Strategie strikt beachtet werden. Die Bekämpfung macht aber nur Sinn, wenn neben den Larven gleichzeitig auch die Käfer durch geeignete Fangmethoden miterfasst werden und drittens gleichzeitig der Neuzuzug von außen gestoppt wird. (*Heterorhabditis*, s. S. 70).

Einige Beispiele

1 Ein brauner **Dickmaulrüssler** auf einem Rhododendronblatt. Es gibt zahlreiche Dickmaulrüsslerarten, die sich meist sehr ähnlich sehen und oft nach ihrem ersten Fundort oder ihren Wirtspflanzen bezeichnet werden: z. B. Luzernen- oder Erdbeer-Dickmaulrüssler. Allen gemeinsam ist aber das Schadbild, nämlich der Lochfraß an den Blatträndern.

2 Der **Rosenkäfer** (Cetonia aurata)ist wohl der schönste Käfer in unseren Breiten. Weil er dem Maikäfer in Erscheinungsform und Lebenslauf sehr ähnlich ist, glauben viele, dass er auch so schädlich sei. Er ist aber ein harmloser Blütenbesucher und geht ganz selten an Blätter oder Früchte.

3 Auch die Larve des Rosenkäfers sieht dem Maikäfer-Engerling sehr ähnlich. Im Gegensatz zum Maikäfer-Engerling, der ja von lebenden Wurzeln lebt, ernährt sich der Engerling des Rosenkäfers von organischer Masse, das heißt von abgestorbenen Pflanzen z.B. im Kompost, die er in Pflanzennährstoffe umwandelt. Man könnte ihn also als willkommenen Kompostbeschleuniger bezeichnen.

Schnecken

Schnecken hat man schon in Versteinerungen gefunden, die auf 530 Millionen Jahre geschätzt werden. Sie gehören zu dem sehr artenreichen und alten Tierstamm der Weichtiere. Neben den Pflanzenfressern gibt es auch Aasfresser. Den Gärtner ärgern aber nur die Pflanzenfresser, auf die er seit vielen Jahren mit den übelsten Methoden Jagd macht.

Aussehen: Der Kampf des Gärtners wendet sich weniger gegen die teilweise malerisch gezeichneten Gehäuseschnecken, die mitsamt ihrem Haus in höchste Baumregionen klettern können. Vielmehr richtet sich sein Zorn gegen die Nacktschnecken, die er vor allem im Gemüsebeet als besondere Bedrohung ansieht. Die genetzten, die roten, die braunen oder getigerten Nacktschnecken können eine Körperlänge von bis zu 120 mm erreichen.

Lebensweise: Wie die Dickmaulrüssler sind auch Schnecken vornehmlich nachts aktiv (manchmal auch an trüben Tagen) und verstecken sich tagsüber unter Steinen, Erdschollen oder anderen feuchten Unterschlupfen. Sie verzehren Blüten, Blätter, Stängel, Früchte - besonders von edlen Beetpflanzen - und hinterlassen oftmals innerhalb einer Nacht (!) eine eklige Schleimspur der Verwüstung. Besonders gute lockere und feuchte Erde mit einem hohen Kompostanteil zieht sie scheinbar magisch an. Schnecken sind zwittrig, d. h. jedes Individuum ist zur Eiablage fähig. Eine Paarung ist aber dennoch nicht ausgeschlossen. Eier werden vom Frühsommer bis in den Herbst hinein in kleinen Häufchen unterirdisch abgelegt. Die Überwinterung ist, je nach Art, als Ei oder als ausgewachsene Schnecke möglich.

Vorkommen: Schnecken kommen zahlreich im Garten in allen Vegetationszonen vor. Feuchtigkeit ist für sie überlebenswichtig, sonst müssen sie fliehen. Meist kommen sie nur nachts aus ihren Verstecken, sodass man sie selten beim Fressen erwischt. Ein großes Reservoir an Schnecken stellt der Komposthaufen dar, wobei sie dort nicht schädlich sind. Bei Verwendung der Komposterde muss nur auf diese Gefahr geachtet werden, damit sie nicht auf diese Weise auf die Beete kommen.

Bekämpfung: Neben vielen anderen Gründen sollte wegen der Gefahr der Förderung des Schneckenbefalls nach 17 Uhr grundsätzlich nicht mehr gegossen werden. Lockfallen mit Bier haben sich trotz anfänglicher Euphorie vielerorts in der Praxis nur schwach bewährt. Die Errichtung von Schneckenzäunen aus verschiedenen Materialien um die Beetkulturen herum ist meist ohne Alternative. Die verwendete Erde innerhalb der geschützten Fläche muss jedoch frei von Schnecken(-eiern) sein. Es empfiehlt sich auch, die Schnecken vor dem Bepflanzen der Flächen mit dem umweltfreundlichen Eisen-III-Phosphat-Präparat Ferramol vorbeugend wegzufangen. Auch Metaldehyd- oder Aldecarb-Schneckenkorn (viele Anbieter verwenden diese Wirkstoffe) sind geeignet und umweltverträglich. Nur die Präparate mit dem Wirkstoff Methiocarb (z. B. Mesurol), bei denen die Schnecken einen mehrere Tage dauernden Todeskampf erleiden müssen, sollen gemieden werden, auch wegen ihrer unerwünschten Nebenwirkung auf Nützlinge. Bretter, Steine, Polsterstauden sollten frühzeitig regelmäßig nach Schnecken abgesucht werden. Das Überbrühen der gesammelten Schnecken mit heißem Wasser ist eine ebenso umweltfreundliche wie schnelle Beseitigung - aber schon ein notwendiges Übel. Dagegen bedeuten Asche-, Kalk- oder Kochsalzanwendung einen ebenfalls unnötig langen Leidensweg, bis die Tiere innerlich langsam austrocknen.

Einige Beispiele

1 Eine besondere Fähigkeit zum Klettern beweist diese Nacktschnecke, die sich eines Unkrautes am Wegesrand bemächtigt hat. Nur noch die mittlere Blattrippe gibt Halt.

2 Vom Liebesleben der Schnecken haben die Experten mittlerweile viele Erkenntnisse gesammelt. Auf komplizierten Wegen erfolgt die gegenseitige Befruchtung. Dabei kriechen beide Sohle an Sohle aneinander hoch und tauschen Samenpakete aus. Das dient zusätzlich der Arterhaltung.

Schädlinge im Jahreslauf

Der Gang durch das Gartenjahr soll einen Überblick über den Rhythmus geben, in dem die Entwicklung des Lebens der Nützlinge und Schädlinge in unseren Gärten abläuft. Dabei werden jeweils die wichtigsten Nutz- und Schadtiere erwähnt und erläutert, die häufig und regelmäßig auftreten können, wobei die Auswahl keinen Anspruch auf Vollständigkeit erhebt.

Ziel ist es, durch regelmäßige Beobachtung und mit ein wenig Erfahrung den Schädling vom Nützling unterscheiden zu können und dadurch bereits vor einer Schädigung die drohende Gefahr zu erkennen und ihr bestenfalls durch die gezielte Förderung der Nützlinge entgegen zu steuern.

Ebenso wichtig ist es aber auch, dass der Gärtner dabei auch Freude empfindet einmal hinter die Kulissen der Natur blicken zu dürfen und zu sehen, wie wunderbar und sinnvoll die Vorgänge auf einander abgestimmt sind, wenn der Mensch nicht allem seinen Willen aufzwängt.

Tipps zur Bekämpfung von Plagegeistern sind in der Beschreibung der Schädlinge enthalten. Die erwähnten Nützlinge und deren Nutzen wurden ausführlich in dem Kapitel »Die wichtigsten Nützlinge« (Seite 14 ff.) beschrieben.

Mehr braucht man nicht zur Beobachtung:

Die Lupe: Das wichtigste Instrument zur Pflanzen- und Insektenbeobachtung ist eine Lupe mit 10-facher Vergrößerung. Es gibt Lupen schon in einer Preislage um 20 €, bei denen das Lupenbild bis zum Rand scharf ist. Teurere sind nicht unbedingt wesentlich besser! Es empfiehlt sich deshalb beim Kauf einen Test, z. B. mit einem Hemdenstoff zu machen, ob die Lupe annähernd bis zum Rand hin scharf zeichnet und vergrößert.

Die Pinzette: Die Pinzette oder ein feiner Pinsel helfen uns überall dort weiter, wo wir mit unseren Fingern nicht hinkommen, und das ist beim Umgang mit Insekten fast immer der Fall. Damit sinkt das Risiko, dass die Lebewesen beim Zupacken verletzt oder zerdrückt werden.

1 **Im Winter**
(Oktober–März; siehe Seite 94–97)

2 **Vor und während der Blüte**
(März–April; siehe Seite 98–105)

3 **Während und nach der Blüte**
(Mai–Juni; siehe Seite 106–113)

4 **Im Sommer**
(Juni–August; siehe Seite 114–119)

5 **Im Herbst**
(September–Oktober; siehe Seite 120–123)

Im Winter (Oktober – März)

Hinweise zur Beobachtung: Im Winter herrscht im Garten nur scheinbar Winterruhe. Denn bei genauer Beobachtung entdeckt man Nützlinge und Schädlinge, die sehr wohl auch im Winter aktiv sind. Als Hilfsmittel zur Beobachtung dient die 10-fach Lupe.

* **Nützlinge:** Im Winter befinden sich allgemein zwar viele Nützlinge und Schädlinge in der Winterruhe. Doch gibt es da Nützlinge, wie Spinnen- und Raubwanzenarten, die im Winter recht aktiv sind und bereits bei geringen Wärmegraden (ab 5 °C) auf Insektenjagd gehen bzw. Spinnmilben- oder Insekteneier aussaugen.

1 2 Frostspanner Je nach Witterung legt das Weibchen des Frostspanners bis in das Frühjahr hinein seine Eier auf den Spitzen von Bäumen und Sträuchern ab, weil es die schlüpfenden Räupchen von dort aus nicht mehr so weit haben, um beim Austrieb an die Knospen der ersten Blättchen als Nahrung zu gelangen. Das Falterweibchen kann, im Gegensatz zu seinen männlichen Artgenossen, nicht fliegen und muss deshalb »zu Fuß« auf die Bäume krabbeln, um die schmutzig orangeroten Eier auf den Ästen abzulegen.
Nützlinge: siehe *
Abwehr: Zur Befallsdezimierung Leimringe, von Ende Oktober bis Anfang März, dicht schließend an den Fußstämmen anbringen.

3 Kohlweißling Er überwintert als malerisch gemusterte Puppe an Holzwänden, Mauern, Zäunen und Stämmchen.
Nützlinge: siehe *
Abwehr: Von Hand Absammeln, sobald man Puppen entdeckt.

4 Johannisbeerglasflügler Johannisbeerglasflügler überwintern im Mark von ein- bis vierjährigen Johannisbeerruten. Durch den Rückschnitt der Sträucher entdeckt man das von dem Schädling ausgehöhlte Mark auf den Schnittflächen.
Nützlinge: siehe *
Abwehr: Befallene Äste gleich bis zum Boden herunter zurück schneiden und zusammen mit dem anderen Schnittholz verbrennen. Mit einem Stück Draht versuchen die Larven des Glasflüglers im Markstrahl zu zerdrücken.

5 Gespinstmotten Anders ist das bei den Gespinsten der verschiedenen Gespinstmottenarten. Das Weibchen legt zahlreiche Eier an dünne Zweige und überzieht sie mit einer gallertartigen Schicht, die zum Schutzschild aushärtet. Noch im Herbst schlüpfen die Raupen unter diesem Schild aus den Eiern und erwarten so den Frühling.
Nützlinge: siehe *
Abwehr: Zu dieser Zeit nur schwer zu erkennen, deshalb gibt es hier keine Empfehlung.

6 Ringelspinner Der Ringelspinner legt im Vorwinter seine Eier spiralig um bleistiftdicke Zweige. Der Schädling war früher ebenso gefürchtet wie der Frostspanner, trat später nur noch wenig auf. Doch heute gibt es Beobachtungen, dass er wieder im Kommen ist.
Nützlinge: siehe *
Abwehr: In dieser Zeit nicht sinnvoll.

Bild 1: Gut getarnt lockt das flugunfähige Frostspannerweibchen ab Oktober das Männchen zur Paarung an.

Bild 2: Die 1 mm großen Frostspannereier mit der Orangenschalenstruktur werden in der Nähe von frischen Blattknospen ablegt.

Bild 3: Die Kohlweißlingspuppe überwintert an Holzwänden, Zäunen, Mauern o. Ä.

Bild 4: Hier steckt die Raupe eines Johannisbeerglasflüglers im ausgefressenen Markstrahl eines Triebes.

Bild 5: Die Überwinterungsgespinste von Goldafterraupen schneidet man im Winter einfach heraus und vernichtet sie.

Bild 6: Ringelspinner bei der Eiablage neben den frisch abgelegten Ei-Spiralen.

1

2

3

4

5

6

1 Blattläuse, Schildläuse, Blattsauger Eier von Blattläusen, Blattsaugern und Schildläusen kleben an der Rinde von Gehölzen.
*** Nützlinge:** siehe *
Abwehr: Mechanisch entfernen, z. B. abbürsten der Befallsstellen.

2 Blutlaus Blutlauskolonien befinden sich hinter Rindenschuppen und an alten Schnittwunden in mehreren Schichten übereinander.
Nützlinge: siehe *
Abwehr: Befallsstellen mit einer Drahtbürste bearbeiten, befallene Triebe schneidet man aus.

3 Sitka-Fichtenlaus Diese Blattlausart verursacht in bestimmten Jahren schmerzliche Verluste bei den viel geliebten Blau-Fichten (im Volksmund »Blautannen«) durch Besaugen der Nadeln. Der Schaden wird aber erst vier bis fünf Wochen später sichtbar (Mai). Die Nadeln werden dann braun und fallen ab. Weil diese Blattlausart bereits *vor* dem Austrieb der neuen Knospen (etwa März) auf andere Pflanzenarten abwandert, bleiben diese unbeschädigt. Deshalb treiben die beliebten blauen Spitzentriebe der Bäume ungehindert aus. Häufig leiden die Blau-Fichten unter diesem Schädling, wenn sich die Nährstoffversorgung durch die Wurzeln zunehmend verschlechtert hat. Ein zu hoher Kalkgehalt des Bodens trägt entscheidend zur abnehmenden Widerstandskraft des Baumes bei! Der Sitkalausbefall ist dann nicht mehr die Ursache des Schadens, sondern vielmehr die Folge der Unterernährung! Durch eine Klopfprobe über einem weißen Bogen Papier kann die kleine grüne Laus (1 mm) mit den typischen roten Augen sichtbar gemacht werden.
Nützlinge: siehe *
Abwehr: Eine Bekämpfung macht – wenn überhaupt – nur *vor* dem Austrieb Sinn (z. B. ölhaltige Präparate). Das Absterben des Baumes kann dadurch aber nicht aufgehalten werden.

4 Schadkäfer Viele überwintern als ausgewachsene Insekten (Käfer) in Wurzelnähe im Boden. Der Apfelblütenstecher z. B. überwintert im Boden an Waldrändern und ist dort vor dem Zugriff des Gärtners sicher.
Nützlinge: siehe *
Abwehr: In dieser Zeit nicht sinnvoll.

5 Spinnmilben Eier von Spinnmilben findet man an der Rinde, oft auf der Unterseite von Ästen, aber auch am Falllaub und an abgestorbenen Pflanzenteilen.
Nützlinge: siehe *
Abwehr: Nur bei starkem Befall befallene Astpartien abbürsten.

6 Johannisbeergallmilbe Diese Gallmilbe befällt bereits im Sommer die Knospen (hauptsächlich von Schwarzer Johannisbeere), in denen sie überwintert. Im Herbst sind es etwa 8000 Milben pro Knospe, im Frühjahr können es bereits 30000 sein! Die Knospen schwellen dabei gallenförmig an (daher der Name) und treiben im Frühjahr nicht mehr aus.
Nützlinge: siehe *
Abwehr: Befallene Triebe abschneiden und entsorgen – keinesfalls liegen lassen!

Allgemeine Maßnahmen in dieser Zeit: Schnitt zur Auslichtung, zum Kronenaufbau, zur Ertragssteuerung und zur Beseitigung von erkrankten Pflanzen bzw. -teilen durchführen.

Bild 1: Aus dem dichten Besatz an Blattlauseiern schlüpfen bereits im März/April die Stammmütter.

Bild 2: Blutläuse sitzen z. B. am Kallus von Schnittwunden.

Bild 3: Die Sitka-Fichtenlaus saugt ab März an den Nadeln verschiedener Zierfichten-Arten.

Bild 4: Der Apfelblütenstecher frisst bereits ab März.

Bild 5: Erst mit der Lupe entdeckt man die Spinnmilben- und Blattlauseier.

Bild 6: Ab Januar schwellen bei der Schwarzen Johannisbeere die typischen Rundknospen an – ein Hinweis auf den Befall mit der Gallmilbe.

1

2

3

4

5

6

Vor und während der Blüte (März – April)

Hinweise zur Beobachtung: Jetzt sind besonders aufmerksame Kontrollen angebracht, bei denen Schädlinge mechanisch (d. h. von Hand) beseitigt werden. Das bringt zu diesem Zeitpunkt im Hausgarten einen sehr wirkungsvollen Effekt für die Schädlingsabwehr, da viele Schädlinge im Frühjahr aus der Überwinterung kommen. Sie sind jetzt die Basis, aus der sich die 100-fachen Nachkommen in den Sommermonaten entwickeln (z. B. Blattläuse/Blattlausstammmutter Seite 100). Der Befall ist jetzt zwar noch harmlos, es können sich daraus aber schnell Kalamitäten entwickeln. Wenn man diese überwinternden Schädlinge beseitigt, wird also nicht einfach nur ein Schädling beseitigt, sondern gleichzeitig der ganze Stamm, der aus diesem hervorgehen würde.

1 2 **Großer und Kleiner Frostspanner** Die Spannerraupen, die bei der Fortbewegung den typischen Katzenbuckel machen, sind derzeit noch recht klein (5 bis 10 mm). Sie schädigen Triebe, Blüten, Früchtchen und Blattknospen.
Nützlinge: Spinnen, Schlupfwespen, Raupenfliegen, verschiedene Vogelarten, insektenpathogene Pilze.
Abwehr: Raupen aus den befallenen Blattknäueln absammeln bzw. zerdrücken.

3 4 **Wickler** Wicklerraupen (Schalen-, Knospen-, Heckenwickler) fressen an Blättern und Blüten und spinnen diese zu einem Knäuel zusammen. Bei Gefahr (z. B. bei Berührung) flüchten diese Raupen blitzschnell, sich rückwärts schlängelnd, und lassen sich an einem Spinnfaden zu Boden fallen, wo sie sich sofort fast unauffindbar verkriechen.
Nützlinge: Schlupfwespen, Raubwanzen, Raupenfliegen, Florfliegen, Weichkäfer, Kurzflügler, Laufkäfer.
Abwehr: Die kleinen Räupchen in den deutlich sichtbaren zusammengesponnenen Blättchen an den Triebspitzen von Hand zerdrücken.

5 **Gespinstmotten** Die kleinen Räupchen schädigen die ersten Blättchen, indem sie in diese mehrere Minen fressen. Äußerlich sehen diese Schäden wie kleine, samtene, braune Flecken aus, welche leicht zu erkennen und zu beseitigen sind.
Nützlinge: Schlupfwespen, Raubwanzen, Raupenfliegen, Sägewespen.
Abwehr: Die deutlich sichtbaren Blattgespinste beseitigen (ausschneiden) und aufsammeln.

6 **Apfel- und Pflaumensägewespe** Die Sägewespen legen ihre Eier zur Zeit der Vollblüte jeweils in die grünen Kelchblätter der Blüten ab. Mit weißen Klebetafeln (Fachhandel) kann bestenfalls die Befallsdichte erahnt werden. Der Wegfangeffekt dieser Klebetafeln reicht jedoch für eine Abwehr nicht aus. Leider werden damit auch viele Nützlinge gefangen. Diese Sägewespen haben nur eine Generation pro Jahr.
Nützlinge: Laufkäfer, Raubwanzen, Schlupfwespen, Spinnen.
Abwehr: Außer dem wiederholten Auf- bzw. Absammeln und Beseitigen der befallenen, herab gefallenen Früchte, gibt es derzeit leider keine sinnvolle und ausreichend wirksame Maßnahme.

Bild 1: Die Raupe des Großen Frostspanners ist von bizarrer Schönheit.

Bild 2: Diese Raupe des Kleinen Frostspanners zeigt hier den typischen »Katzenbuckel«.

Bild 3: Die zusammengesponnenen Blattknäuel von Wicklerraupen sind gut erkennbar.

Bild 4: Eine Schalenwicklerraupe frisst im Inneren eines hier aufgewickelten Blattknäuels.

Bild 5: So sieht ein erstes Raupengespinst der Apfelbaumgespinstmotte aus.

Bild 6: Die Einbohrstelle der Apfelsägewespe (Blüte) ist schwer zu erkennen.

1

2

3

4

5

6

1 2 Blattläuse Die so genannten Blattlausstammmütter verschiedener Blattlausarten, in kleinen Kolonien meist gut getarnt auf der Blattunterseite sitzend, sind in der Lage am laufenden Band lebend zu gebären!
Nützlinge: Lauf-, Marien-, Weichkäfer, Kurzflügler, Florfliegen, Ohrwürmer, Schwebfliegen, Raubwanzen, Schlupfwespen, Gallmücken, Spinnen u.v.a.
Abwehr: Die Blattlauskolonien möglichst frühzeitig, bevor sich die zahlreich produzierten Nachkommen auf die ganze Pflanze verteilt haben, zwischen den zusammengerollten Blättern zerdrücken. Mit dieser einfachen Maßnahme werden zu diesem Zeitpunkt nicht einfach nur ein paar Blattläuse beseitigt, sondern gleichzeitig auch die vielen 1000 Geburten potenzieller Nachkommen verhindert! Es kommt gar nicht darauf an, dass so alle Blattläuse erreicht werden. So viele wie möglich genügen - den Rest erledigen die natürlichen Feinde.

3 Blutlaus Die Blutläuse aus den Kolonien, die den Winter überlebt haben, sitzen nun in den Startlöchern, in Rindenritzen und Schnittwunden, um am nahrhaften Kambium, der Schicht unter der Rinde zu saugen. Auch aus dem Wurzelraum kommen sie hochgekrochen.
Nützlinge: Marienkäfer, Ohrwürmer, Florfliegen, Schlupfwespen.
Abwehr: Die Blutläuse können mit einer Drahtbürste abgeschrubbt werden. Bei kleinen Bäumen kann ein Leimring in 15 cm Höhe das Hochklettern behindern.

4 Blattsauger Blattsaugerlarven sitzen zu mehreren gut getarnt auf der Unterseite von Apfelblättern und scheiden große, milchigweiße Zuckertropfen (Honigtau) aus, die teilweise noch mit Wachsfäden durchzogen und sehr klebrig sind. Das ist Nahrung für zahlreiche Insekten. Es gibt viele verschiedene Blattsaugerarten. Häufig kommen alle Entwicklungsstadien einer Art gleichzeitig vor: Eier, Larven und geflügelte Blattsauger. Am Apfelbaum sind sie meist nur lästig und verursachen kaum Schäden.
Im Gegensatz dazu kann der Birnblattsauger regional sehr lästig werden, weil er sich so stark vermehren kann, dass er nur schwer zu bekämpfen ist. Er saugt an Trieben, Blättern und Früchten und scheidet große Mengen »Honigtau« aus, die alles am Baum verklebt.
Nützlinge: Marienkäfer, Flor- und Schwebfliegen, Raubwanzen, Ohrwürmer, Schlupfwespen, Spinnen.
Abwehr: Durch wiederholtes Abspritzen der Bäume mit einem scharfen Wasserstrahl (nur in der Frühe) werden die Larven und der Honigtau abgespült und Früchte und Blätter von der Verschmutzung befreit.

5 6 Rosenzikade Rosenzikaden legen im Herbst ihre Eier in Rindenritzen von Rosentrieben. Sobald sich die ersten Blätter entwickeln, schlüpfen die blattlausähnlichen Jungtiere und saugen auf der Blattunterseite.
Nützlinge: Laufkäfer, Raubwanzen, Schlupfwespen, Spinnen, Raubmilben.
Abwehr: Die Larven auf der Blattunterseite zerdrücken.

Bild 1: Die Blattlausstammmutter der Apfelfaltenlaus ist gut in der Blattwölbung getarnt.

Bild 2: Eine Blattlausstammmutter bringt lebende Junge zur Welt.

Bild 3: Hier sitzt eine Blutlauskolonie auf einem Apfelzweig.

Bild 4: Die Larven des Apfelblattsaugers sitzen auf der Blattunterseite.

Bild 5: So sehen Saugschäden der Rosenzikade aus.

Bild 6: Die winzige Larve der Rosenzikade ist nur 3 mm groß.

1

2

3

4

5

6

1 Dickmaulrüssler Die Larven des Dickmaulrüsslers leben von April bis Mai im Boden. Sie fressen dort an feinen Pflanzenwurzeln unter den Wurzelballen in lockerer, humoser Erde (in Pflanzgefäßen oder Beeten), bevor sie sich dort verpuppen. Parallel zu den Larven können auch noch Alt-Käfer aus dem Vorjahr auftauchen. Ab Mai kommen dann an warmen Tagen (Nächten) auch die Käfer aus den Puppen und verursachen schon die typischen Schäden an den Blättern ihrer zahlreichen Wirtspflanzen.
Nützlinge: Nematoden, insektenpathogene Pilze, Bakterien.
Abwehr: Bei starkem Befall im Vorjahr kann der Boden befallener Flächen mit Nematoden-Präparaten behandelt werden, aber erst ab Mai (siehe Abschnitt Mai–Juni, S. 112) u.a. wegen der erforderlichen Mindest-Bodentemperatur.

2 Apfelblütenstecher In manchen Jahren ist der Ausdünnungseffekt, den dieser Rüsselkäfer unter den Blütenknospen bewirkt, sogar willkommen, nämlich dann, wenn die Zahl der Früchte pro Ast größer ist, als dieser verkraften kann. Das heißt, bei weniger Früchten pro Ast erhöht sich die Qualität der einzelnen Frucht. Die befallenen Blüten bleiben im sogenannten Ballonstadium stehen und verfärben sich braun. Zieht man die braune Blütenhülle vorsichtig ab, so entdeckt man darunter entweder die Rüsselkäferlarve (siehe Pfeil) oder deren Puppe.
Nützlinge: Schlupfwespen, Laufkäfer, Kurzflügler, Spinnen, Vögel.
Abwehr: Falls die Zahl dieser Käfer zu sehr ansteigt, kann man ab Austrieb der Blätter durch Abklopfen der Äste in den Morgenstunden (wegen der Morgen-Kältestarre) die Käfer über einem Auffangschirm mit sehr gutem Erfolg absammeln.

3 4 Erdflöhe Erdfloh werden einige kleine Blattkäferarten (< 3 mm) genannt, die an Blättern und Wurzeln von Kohlgewächsen, Rettich und Radieschen fressen und große Sprünge machen können. Die Käfer erscheinen bei warmem, trockenem Wetter auf Saatbeeten in Massen und verursachen Fraßschäden. Sie fressen, besonders aus den Keimblättern viele winzige, runde Löcher heraus. Die winzigen Larven verursachen nur geringen Schaden an den Wurzeln.
Nützlinge: Laufkäfer, Schlupfwespen, Kurzflügler, Spinnen.
Abwehr: Die Käfer lieben Trockenheit und können durch reichliches Gießen vergrämt werden. Durch das Abdecken mit einem Erdflohnetz kann der Befall auch mit anderen Schädlingen abgewehrt werden.

5 6 Kohlfliege, Rettichfliege Die erste Generation der Kohl-(Rettich-)fliege legt von April bis Mai Eier an den Wurzelhals von jungen Rettich- oder Radiespflänzchen ab, aus denen bald die Fliegenmaden schlüpfen. Diese bohren sich dann in die Rüben, besonders von Frührettich und der ersten Radieschen ein.
Nützlinge: Marienkäfer, Ohrwürmer, Schwebfliegen-, Florfliegen-, Gallmückenlarven, Schlupfwespen, Raubwanzen, Spinnen.
Abwehr: Als Gegenmaßnahme haben sich »Kulturschutznetze« bewährt: Gleich nach der Aussaat bzw. zum Pflanzen werden die Flächen damit abgedeckt. Erst kurz vor der Ernte wird das Netz wieder abgenommen. Bei Dauerregen muss das Netz zum Abtrocknen aufgemacht werden.

Bild 1: Die Larven des Dickmaulrüsslers leben im Boden.

Bild 2: Wenn sich die Apfelblüte nicht öffnet, steckt meist die Apfelblütenstecherlarve dahinter (Pfeil).

Bild 3: Diese Blätter zeigen Fraßschäden des Blattflohs.

Bild 4: Blattkäfer machen große Sprünge – daher der Name Erdfloh.

Bild 5: Hier sieht man Fraßgänge der Rettichfliegenmade (»Wurm«).

Bild 6: Ein Rettichbeet wird hier mit einem Kulturschutznetz gegen die Maden der Rettichfliege geschützt.

1

2

3

4

5

6

1 **2** **Spinnmilben (»Rote Spinne«)** Spinnmilben schlüpfen aus ihren Wintereiern, sobald sich die ersten Knospen öffnen. Mit der 10-fach-Lupe kann man sie als kleine rote »Spinnen« wahrnehmen. Auch die roten zwiebelförmigen Eier der Spinnmilbe (Bild S. 97/5) sind noch zu erkennen. Sobald die Spinnmilben geschlüpft sind, können Kälteeinbrüche für sie tödlich sein und große Ausfälle bei ihnen bewirken.

Nützlinge: Marienkäfer, Kurzflügler, Florfliegen, Schlupfwespen, Raubwanzen, Raubmilben, Spinnen

Abwehr: Mit der Bürste können auf Bäumen die meist lokal eng begrenzten Befallsherde entfernt werden. Nur wiederholter starker Spinnmilbenbefall kann im Garten im Frühjahr mit einem zugelassenen Mittel abgewehrt werden. Bild 1 zeigt jedoch einen Spinnmilbenbefall auf einem Gurkenblatt, bei dem jede Bekämpfung zu spät kommt.

3 **4** **5** **6** **Schnecken** Schnecken sind vornehmlich nachts aktiv und verstecken sich tagsüber (Steine, Erdschollen, feuchte Unterschlupfe). Gehäuse- und Nacktschnecken (siehe auch Seite 121) fressen besonders in Gemüsebeeten und in Pflanzrabatten. Lockere feuchte Erde mit einem hohen Anteil organischer Masse fördert ihre Verbreitung. Um Schnecken nicht noch zusätzlich zu fördern, sollte grundsätzlich abends nicht mehr gegossen werden. Ihre Eier legen die Schnecken laufend, vom Frühjahr bis Herbst, in Häufchen ab. Schnecken überwintern als Ei oder ausgewachsen im Boden.

Nützlinge: Laufkäfer, Kurzflügler, Weichkäfer, Kröten, Igel, Vögel.

Abwehr: Die legendären Bierfallen haben sich in der Praxis leider nicht bewährt. Dagegen haben Schneckenzäune um die Beetkulturen herum die Schnecken recht gut abgehalten, sofern die eingezäunte Fläche vorher schneckenfrei war. Dazu empfiehlt es sich, die Schnecken vor dem Bepflanzen z. B. mit einem umweltfreundlichen Eisen-III-Phosphat-Präparat wegzufangen. Der Einsatz von gezüchteten PH-Nematoden kommt nur für die Behandlungen von größeren Flächen in Betracht (s. S. 70). Abendliches Absammeln und Überbrühen erlaubt eine ebenso umweltfreundliche wie schnelle Beseitigung der Schnecken. Dagegen bedeuten Asche-, Kalk-, Kochsalzanwendung oder ähnliches einen langen Leidensweg der Tiere, die dadurch innerlich langsam austrocknen.

Allgemeine Abwehrmaßnahmen in dieser Zeit: Blattlaus-Stammmütter, Gespinste von Raupen oder ähnliche Schädlingsansammlungen bilden den Grundstock für den Befall in den kommenden Sommermonaten. Sie können oft mit geringem Aufwand frühzeitig einfach von Hand beseitigt und damit erfolgreich reduziert werden. Beim Absammeln oder Abklopfen von Schädlingen macht man sich neben der Kältestarre auch den Fluchtreflex der Insekten zunutze. Er bewirkt, dass sie sich bei Gefahr zu Boden fallen lassen. Für viele der genannten Nützlinge sind die ersten Blattläuse auch die erste Nahrung nach der Winterruhe. Darum ist die Menge dieser verfügbaren Nahrung dafür ausschlaggebend, wie groß die Schar der Nachkommen während des Sommers sein wird. Die verbleibenden Schädlinge dienen den Nützlingen ja als existenzielle Nahrung.

Bild 1: Die Gemeine Bohnenspinnmilbe (kleines Bild) kann ganze Pflanzen einspinnen.

Bild 2: Die rote Obstbaumspinnmilbe klettert frei auf Knospen und Blättern herum.

Bild 3: Die genetzten Ackernacktschnecken (< 60mm) gelangen oft über den Kompost in die Gartenbeete.

Bild 4: Die Spanische Wegschnecke ist bei uns eingeschleppt und hat daher kaum natürliche Feinde.

Bild 5: Schnecken verkriechen sich gern unter Brettern, wo man sie nur absammeln muss.

Bild 6: Der Schneckenzaun hat sich zur Schneckenabwehr bereits gut bewährt.

1

2

3

4

5

6

Während und nach der Blüte (Mai – Juni)

Hinweise zur Beobachtung: Bei der Kontrolle von Blüten und Blättern zeigt sich nun, ob es den Nützlingen gelingt, die Kulturpflanzen ausreichend zu schützen. Den Schädling vom Nützling zu unterscheiden, lernt man mit der Zeit dadurch, dass man sie bei ihrer Tätigkeit beobachtet.

1 2 Frostspanner- Frühjahrseulenraupen Die Frostspannerraupen haben mittlerweile eine stattliche Größe (ca. 3 cm) erreicht und vertilgen immer größere Mengen an Blattmasse. Der Schaden für die Pflanze hält sich dabei meist in Grenzen. Etwa Ende Mai verpuppen sich die Raupen im Boden. Die Frühjahrseulenraupen machen keinen »Katzenbuckel« und haben mehr Bauchbeinpaare (s.S.84). Körperzeichnung und -farbe variieren zwar, sind aber sonst oft zum Verwechseln ähnlich - auch das Schadbild ist gleich. Diese Raupen sind nur im Frühjahr auf den Obstbäumen schädlich, ansonsten haben sie eine ähnliche Lebensweise wie Erdraupen (s. S. 108).
Nützlinge: Kurzflügler, Florfliegenlarven, Raupenfliegen, Schlupfwespen, Vögel, Nematoden.
Abwehr: Eine Bekämpfung, z. B. mit *Bacillus-thuringiensis*-Präparaten, ist nur bei massenhaftem Auftreten erforderlich. Die Zahl der Raupen durch Absammeln reduzieren, bevor der Schaden sich vergrößert.

3 4 Apfelwickler Der Falter fliegt etwa ab Mai vier bis fünf Wochen lang in der Dämmerung. Mit der Eiablage, die durch erhöhte Flugaktivitäten eingeleitet wird, ist zum ersten Mal zu rechnen ab Mitte Mai bis Mitte Juni (erste Generation) und ein zweites Mal Ende Juli bis Mitte August (zweite Generation). Dieser Zeitraum ist für die Abwehr entscheidend! Mit Lockstofffallen, die im Handel erhältlich sind, kann die Flugaktivität der Männchen und damit die Eiablage ermittelt werden.
Nützlinge: Kurzflügler, Weichkäfer, Ohrwürmer, Florfliegenlarven, Schwebfliegenlarven, Raupenfliegen, Schlupfwespen, Spinnen
Abwehr: Eine Abwehr ist nur auf dem kurzen Weg vom Schlüpfen des Räupchens aus dem Ei zum Einbohren in die Frucht möglich. Nur dann kann die Raupe gezielt erfasst werden (s. S.76).

5 Wicklerraupen sind jetzt an den verschiedenen Gartenpflanzen aktiv. Es gibt viele unterschiedliche Wicklerarten. Sie spinnen sich beispielsweise an den Triebspitzen von Obstbäumen, aber auch von Rosen ein, indem sie die frischen zarten Blättchen zusammenspinnen, in dessen Innerem die Raupe sich schützt und versteckt hält.
Nützlinge: Schlupfwespen, Laufkäfer, Vögel.
Abwehr: Bei aufmerksamer Betrachtung der Triebspitzen, kann man diese Blattwickel entdecken und zwischen den Fingern zerdrücken.

6 Gespinstmotten Gespinstmottenraupen schwärmen in diesen Wochen aus und bilden zahlreiche neue Gespinste, fressen Sträucher und Bäume kahl und sehen gespenstisch aus. Bald schon fangen aber die Raupen an, sich zu verpuppen. Die befallenen Pflanzen treiben in der Regel wieder neu aus und erholen sich.
Nützlinge: Kurzflügler, Florfliegenlarven, Raupenfliegen, Schlupfwespen, Vögel.
Abwehr: Zur Bekämpfung werden die Gespinste ausgeschnitten (Bild S. 99/5).

Bild 1: Die ausgewachsene Frostspannerraupe formt den typischen »Katzenbuckel«.

Bild 2: Fraßschäden von Frostspannerraupen sehen schlimmer aus, als sie für die Pflanzen sind.

Bild 3: Der Falter des Apfelwicklers (3 cm) ist grau mit einem »Kupferspiegel« am Flügelende.

Bild 4: Hier befindet sich die frische Einbohrstelle einer Apfelwicklerraupe unweit von deren Eihülle (Pfeil).

Bild 5: In einem geöffneten Blattknäuel wird eine Rosenwicklerraupe sichtbar.

Bild 6: Hier schwärmen Gespinstmottenraupen aus.

1

2

3

4

5

6

1 2 Großer Kohlweißling Der Kohlweißling legt im Juni seine gelblichen Eier zu Dutzenden auf die Blattunterseite ab. Die daraus schlüpfenden Raupen der ersten Generation fressen an Unkräutern und verpuppen sich im Juli. Sie schaden also den Kulturpflanzen jetzt noch nicht.
Nützlinge: Laufkäfer, Kurzflügler, Weichkäfer, Raupenfliegen, Schlupfwespen.
Abwehr: Ist in diesem Stadium nicht erforderlich; Eiablage abwarten.

3 4 Sägewespen (Apfel, Birne, Pflaume) Die meisten Sägewespenweibchen haben ihre Eier bereits in die Kelchzipfel der geöffneten Blüten eingeritzt (s. S. 99/6). Die Larven bohren sich in die Früchte (Apfel, Birne, Pflaume und andere) ein. Die befallenen haselnussgroßen Früchte werden ausgefressen und mit Kot gefüllt. Der Bohrgang bleibt jedoch frei – im Gegensatz zum Apfelwickler (Wurm im Apfel), da ist er mit Kot gefüllt, der nach außen quillt. Daran kann man die sehr ähnlichen Schadbilder unterscheiden. Ende Mai fallen diese Früchte zu Boden. Dort verlässt die Larve die Frucht, bohrt sich in die Erde ein und überwintert in einem Kokon in 15 cm Tiefe. Apfel-, Birnen- und Pflaumensägewespen treten annähernd gleichzeitig auf.
Nützlinge: Laufkäfer, Raubwanzen, Schlupfwespen, Spinnen, insektenpathogene Pilze, Vögel.
Abwehr: Das wiederholte Aufsammeln und Beseitigen der befallenen oder herabgefallenen Früchte ist gut wirksam, da diese Sägewespen nur eine Generation pro Jahr haben und durch das Aufsammeln die Folgegeneration eingeschränkt werden kann.

5 Erdraupen So heißen die Raupen von verschiedenen Eulenfalter-Arten. Sie können nur als Jungraupen tagsüber beobachtet werden, später fressen sie ausschließlich nachts. Sie fressen vor allem an Gemüsepflanzen, aber auch in Blumenrabatten. Sie werden bis 6 cm lang und sind schmutzig braun bis hellgrün mit seitlichen Streifen. Bei Gefahr rollen sie sich wie eine Zuckerschnecke ein.
Nützlinge: Laufkäfer, Kurzflügler, Weichkäfer, Raubkäfer, Raupenfliegen, Schlupfwespen, Igel, Kröten, Maulwurf, Spitzmäuse sowie verschiedene Vögel, z. B. Amseln und Hühner.
Abwehr: Die Erdraupen lieben es eher trocken, darum ist wiederholtes Gießen (tagsüber!) ein Mittel, um sie zu vergrämen. Durch Bodenbearbeitung im Herbst oder Frühjahr werden die Raupen zutage gefördert und können abgesammelt werden.

6 Rosenblattrollwespe Die Rosenblattrollwespe legt ihre Eier in die Ränder von jungen Rosenblättern ab. Durch die Saugtätigkeit der geschlüpften Larven rollen sich die Rosenblätter von der Mittelrippe nach unten ein. Bei rechtzeitigen Kontrollen und nach vorsichtigem Öffnen der eingerollten Blätter kann man die weiß- bis hellgrünen Larven der Blattwespe entdecken. Die befallenen Blätter vergilben und fallen ab. Die Larve gelangt so in den Boden und überwintert dort.
Nützlinge: Laufkäfer, Kurzflügler, Schlupfwespen.
Abwehr: Das Einsammeln oder Zerdrücken der befallenen Blattrollen soll möglichst zu Beginn des Befalls stattfinden, um eine Linderung im Folgejahr zu erbringen.

Bild 1: Der Kohlweißling ist ein schöner Schmetterling, doch können ...

Bild 2: ... die aus den Eiern schlüpfenden Raupen beträchtlichen Schaden anrichten.

Bild 3: Die Larve der Apfelsägewespe ist anders gebaut als eine Raupe: Sie trägt eine dunkle Kopfkapsel mit Punktaugen, am Ende eine dunkle Chitinplatte (Analplatte).

Bild 4: Der Bohrgang der Apfelsägewespenlarve ist offen, während das vom Apfelwickler mit Kot gefüllt ist.

Bild 5: (Erd-)Eulenraupen erkennt man am typischen »Ringeln« bei Gefahr.

Bild 6: Dieses Schadbild verursacht die Rosenblattrollwespe.

1

2

3

4

5

6

1 2 Kirschfruchtfliege Die Kirschfruchtfliege legt bei Temperaturen um 20 °C ca. 200 Eier einzeln in Kirschen ab, wenn sie die sich von Grün nach Gelb verfärben. Unter 16 °C gibt es keine Eiablage. Die Made wächst parallel zur Frucht heran. Die geschädigte Frucht fällt mit der Made zu Boden. Dort bohrt sich diese in die Erde zur Verpuppung ein und wartet auf das nächste (oder auch das übernächste) Frühjahr.
Nützlinge: Schlupfwespen, Spinnen, Laufkäfer, Kurzflügler, Hühner, Enten und andere Vögel.
Abwehr:

1. Mit leimbestrichenen Gelbtafeln können Kirschfruchtfliegen vor der Eiablage angelockt und festgehalten werden. Dadurch erfährt man, ab wann der Schädling fliegt. **Aber bekämpft werden, kann er damit nicht**. Auch der Zusatz von Lockstoffen hat die Wirkung bisher nicht erhöht. Da die Tafeln auch gleichzeitig viele Nützlinge anlocken, sollen sie so bald wie möglich wieder abgenommen werden.
2. Vermadete Kirschen müssen baldmöglichst vom Baum entfernt werden. Es müssen *alle* Früchte geerntet werden.
3. Frei laufenden Hühner und Enten scharren die Puppen aus dem Boden und picken die herabgefallenen (verwurmten) Kirschen emsig auf.
4. Heute versucht man mit Folien den Boden unter den Bäumen abzudecken, um die Fliegen am Ausschwärmen zu hindern. Man liest die befallenen Kirschen von der ausgebreiteten Folien, damit die Maden nicht in den Boden gelangen.
5. Nicht weniger arbeitsintensiv, aber schon wirkungsvoller, ist das rechtzeitige Einnetzen der Baumkronen mit den reifenden Kirschen. Durch das Netz wird die Fliege abgehalten.
6. Sortenwahl: Frühsorten werden von der Kirschfruchtfliege wegen der früheren Reife weniger befallen.

3 Kohl- bzw. Rettichfliege Anfang Mai legt die Fliege die Eier der ersten Generation an den Wurzelhals von Rettich- und Radieschenpflanzen. Daraus schlüpfen die Maden, die dann an die Rüben gehen.
Nützlinge: Schlupfwespen, Marienkäfer, Ohrwurm, Schwebfliegenlarven, Raubwanzen, Kurzflügler, Laufkäfer, Spinnen.
Abwehr: Rechtzeitiges Abdecken der Pflanzen mit dem Kohlfliegen-Kulturschutznetz verhindert, dass die Fliege ihre Eier an den Pflanzenhals ablegt.

4 5 6 Möhrenfliege Die Möhrenfliege legt Ende Mai ihre Eier an den Wurzelhals der Pflänzchen oder in der Nähe ab. Die Eiablage kann sich über mehrere Wochen hinziehen, was die Bekämpfung erschwert. Die weißen Larven fressen braune Gänge in die Rübe. Nach vier bis sieben Wochen verpuppen sie sich in der Nähe der Möhre im Boden. Im August erscheint die zweite Generation, die die späten Sorten befällt. Die Möhrenfliege überwintert entweder als Puppe im Boden oder als Larve in der Möhre auf dem Lager.
Nützlinge: Schlupfwespen, Laufkäfer, Kurzflügler.
Abwehr: Die frühzeitige Abdeckung mit einem Kulturschutznetz hat auch hier gute Erfolge bei der Abwehr gebracht.

Bild 1: Hier ist eine Kirschfruchtfliege mit der Eiablage beschäftigt.

Bild 2: Diese Kirsche weist Bohrschäden auf, die ein Hinweis auf Vermadung sind.

Bild 3: Eine Gelbtafel hilft bei der Beobachtung der Kirschfruchtfliege.

Bild 4: Das Einnetzen der Kirschbäume ist ein wirksamer, aber aufwändiger Schutz.

Bild 5: So sieht das Schadbild der Made der Möhrenfliege aus.

Bild 6: Mit einem Kulturschutznetz kann die Möhrenfliege abgehalten werden.

1

2
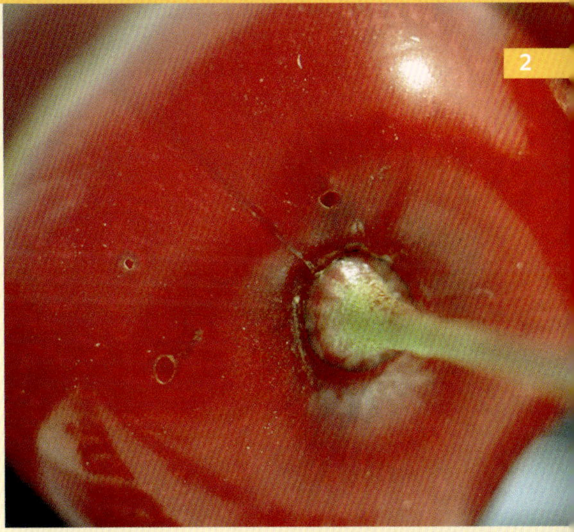

3

4

5
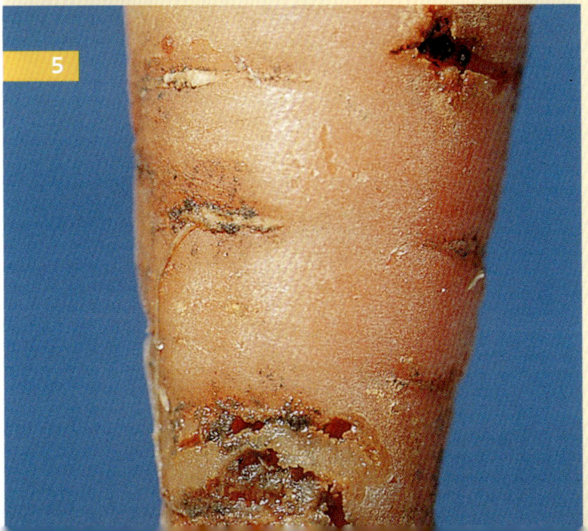

6

1 2 Dickmaulrüssler Ab Ende Mai entdeckt man die nachtaktiven Käfer, wenn sie die Hauswand hochklettern. Tagsüber verstecken sie sich unter Steinen oder in Kiesschüttungen, die oft um Gebäude herum angelegt sind, in Mauerritzen oder in oberen Bodenschichten in der Nähe der Kulturpflanzen. Nachts fressen die Käfer Buchten in Blattränder, z. B. von Rhododendron, Kirschlorbeer, Erdbeeren und vielen anderen. Ab Anfang Juni legen die Käfer bis zu 1000 Eier ab. Es gibt keinen Unterschied zwischen Männchen und Weibchen, jeder Käfer ist zur Eiablage fähig (Parthenocarpie). Haupteiablagezeitraum ist der Sommer. Ab August/September schlüpfen die Larven, die dann auch im Boden überwintern. Im Folgejahr verpuppen sie sich. Die neuen Käfer erscheinen im Mai/Juni zum Reifungsfraß, dem sich die Sommereiablage anschließt. Parallel dazu können auch die Käfer überwintern. Diese können dann schon früher Eier ablegen, wodurch sich dann die Generationen vermischen. Die Larven verursachen den Hauptschaden, weil sie unter den Pflanzen die feinen Wurzeln oder Knollen fressen.

Nützlinge: Nematoden, insektenpathogene Pilze, Bakterien, Netzspinnen.

Abwehr: Die Bekämpfung erfolgt in drei Stufen:

1. Die Larven können nicht mit herkömmlichen Abwehrmethoden, sondern nur mit Nützlingen, den HM-Nematoden, erfolgreich bekämpft werden, die mit der Gießkanne auf der Befallsfläche ausgebracht werden (s. S. 71).
2. Die Käfer können nur durch wiederholtes, nächtliches Abklopfen der befallenen Pflanzen über einem Behälter, z. B. über einem umgedrehten Regenschirm, aufgefangen und beseitigt werden.
3. Um den Zuzug von außen zu verhindern, sollte man neue Pflanzen vor dem Einpflanzen auf Befall untersuchen. Auch von Nachbarflächen können die Käfer zuwandern.

3 Sitka-Fichtenlaus Der Saugschaden der Sitka-Fichtenlaus wird erst jetzt sichtbar: Die Nadeln des Vorjahres werden braun und fallen ab.

Nützling: Keine, die Sitka-Fichtenlaus ist bereits abgewandert.

Abwehr: Die Bekämpfung hat nur im Frühjahr Erfolg, s. S. 96.

4 5 Blattläuse Blattläuse leben in weit verteilten Kolonien zusammen. Je nach Art sitzen sie am Stängel, an Triebspitzen oder Blättern.

Nützlinge: Wie in den Vormonaten (s. S. 100).

Abwehr: Sinnvoll ist es, die Blattläuse im Garten frühzeitig und laufend von Hand zu beseitigen. Bevor der Schaden wächst, mit Wasser abspülen oder mehrfach mit einem Wasserstrahl abspritzen (nicht am Abend!). Den Rest besorgen dann die Nützlinge. Bei den meisten Rezepturen, die sonst empfohlen werden, handelt es sich um reine Stärkungsmittel, die nur prophylaktisch wirksam sind. Das heißt, sie müssen schon vor dem Auftreten der Blattläuse wiederholt ausgebracht werden. **Allgemeine Abwehrmaßnahmen in dieser Zeit:** Die Monate Mai und Juni sind eine sehr wichtige Phase, in der die Pflanzen mächtig wachsen. Auch zahlreiche andere, hier nicht aufgeführte, Schadorganismen tauchen auf und verschwinden wieder. Allein die fortgesetzte Beobachtung im Garten kann uns jetzt vor Überraschungen bewahren und eigene wichtige Erfahrungen vermitteln.

Bild 1: Dieser Kirschlorbeer weist die typischen Fraßschäden des Dickmaulrüsslers auf.

Bild 2: Der Dickmaulrüssler entwickelt sich erst im Mai aus den Larven.

Bild 3: Der Saugschaden, den die Sitka-Fichtenlaus im März anrichtet, zeigt sich erst im Juni, wie hier an einer Blaufichte.

Bild 4: Alle Entwicklungsstufen der Roten Rosenblattlaus sind hier vereint.

Bild 5: So sieht die Blattlaus aus der Nähe aus.

1

2

3

4

5

Im Sommer (Juni – August)

Hinweise zur Beobachtung: Die Kontrollen im Sommer konzentrieren sich auf das gesunde Pflanzenwachstum, auf Raupen-, Blattlaus-, Blutlaus- und Spinnmilbenbefall bzw. auf deren natürliche Feinde. Mit dem sogenannten »Johannitrieb« (Ende Juni) setzen auch bei den Insekten neue Aktivitätsphasen ein.

1 2 3 4 **Apfelwickler** Mitte Juni bis Anfang Juli schlüpfen die meisten Raupen des Apfelwicklers (Obstmade) der ersten Generation und bohren sich kurze Zeit später in die Äpfel und Birnen ein. Auch im August können noch die letzten Raupen der ersten Generation schlüpfen, die sich dann mit den ersten Raupen der zweiten Generation überlagern. Mit der abnehmenden Tageslänge spinnen sich ab Mitte August dann die meisten Raupen beider Generationen bereits zur Winterruhe außerhalb der Früchte im Boden ein (s. Bild S. 79/1).

Nützlinge: Kurzflügler, Weichkäfer, Florfliegenlarven, Raupenfliegen, Schlupfwespen, Spinnen, insektenpathogene Pilze.

Abwehr: Da die Eier nur schwer zu finden sind, bieten die ersten entdeckten Einbohrstellen (zusätzlich zu Pheromonfallen, s. S. 77) einen klaren Hinweis, dass jetzt der richtige Zeitpunkt für eventuelle Abwehrmaßnahmen (Einsatz von Granulose-Virus/Granupom s. S. 76) gekommen ist. Befallene Früchte sollen möglichst bald zusammen mit den Räupchen entfernt werden, da sonst noch weitere Früchte geschädigt werden. Schlupfwespen (*Trichogramma dendrolimi* und *T. cacoecia,* s. S. 64) werden in Massen gezüchtet und in Form von »Tricho-Karten« zum Erwerb angeboten.

5 **Schalenwickler** Auch bei anderen Wicklerarten wird ab Juni die erste Raupengeneration aktiv. Sie sind sehr gefräßig und entwickeln sich deshalb schnell, innerhalb von vier bis sechs Wochen sind sie ausgewachsen, verpuppen sich und wandeln sich zum Falter. Anfang bis Mitte August erscheinen schon die Raupen der zweiten Generation. Die Individuen beider Generationen können sich dabei durchaus überschneiden. Beim Apfelschalenwickler schlüpfen die winzigen Räupchen ein bis zwei Wochen früher als beim Apfelwickler aus den gelblichen Eiplatten mit 20 bis 50 aneinandergereihten, diskusförmigen Eiern. Zunächst klettern die Räupchen zu den Triebspitzen der Äste und fressen im Inneren der von ihnen zusammengesponnenen Blätter (sogenannte Schiffchen). Später (ab August) verlassen sie ihre Verstecke und schädigen die heranreifenden Früchte, indem sie in die Schale eine Halbmine fressen (s. S. 121/2).

Nützlinge: Kurzflügler, Weichkäfer, Florfliegenlarven, Raupenfliegen, Schlupfwespen, Spinnen.

Abwehr: Die zusammengesponnenen Blätter in denen die Raupen versteckt sind, sind deutlich sichtbar und sollten einfach zwischen den Fingern zerdrückt werden.

1 (Seite 117) **Pflaumenwickler** Ähnlich wie die vorbeschriebene Wicklerraupe befällt diese Art die Früchte von Pflaumenbäumen. Der Pflaumenwickler tritt in zwei Generationen auf, einer Sommer- (Juni) und einer Herbstgeneration (August). Nur der Schaden der zweiten Generation fällt ins Gewicht, weil sich der Pflaumen-

Bild 1: Die Einbohrstelle einer Apfelwicklerraupe ist durch den herausquellenden, braunen Kot gekennzeichnet.

Bild 2: Hier wurde die Einbohrstelle aufgeschnitten und das winzige Räupchen ist zu erkennen.

Bild 3: So sieht das Schadbild der Apfelsägewespe im Vergleich zum Apfelwickler (Wurm) im Bild 1 aus. Im Gegensatz zum Apfelwickler ist hier jedoch der Bohrgang frei von Kot. Es sind allenfalls Spuren von Kot um das Bohrloch herum zu erkennen.

Bild 4: Die ausgewachsene Apfelwicklerraupe im zerfressenen Kernhaus.

Bild 5: Die frisch geschlüpften Schalenwicklerräupchen klettern zu den Triebspitzen hoch und spinnen dort mehrere Blätter zusammen, die dann wie »Schiffchen« aussehen. In deren Schutz fressen sie.

1

2

3

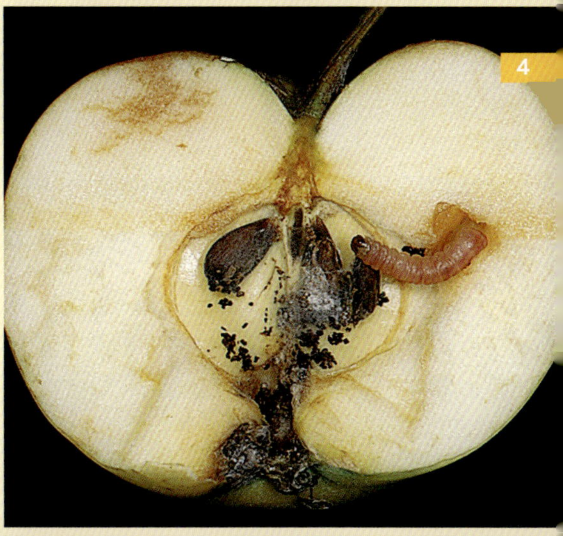
4

5

wickler in dieser Zeit in die vollreifen Früchte einbohrt.

Nützlinge: Weichkäfer, Schlupfwespen, Vögel.

Abwehr:

1. Die abgestoßenen befallenen Früchte im Juni aufgesammeln und vernichten.
2. Die biologische Bekämpfung mit den »Tricho-Karten« verläuft ähnlich wie auf Seite 64 beschrieben.
3. Die vielfach empfohlenen Wellpapperinge bringen wegen fehlerhaften Umgangs mehr Nachteile als Vorteile.
4. Der Wegfangeffekt von Lockstoff-(Pheromon)-Klebefallen reicht nicht aus. Es werden damit ja nur die Männchen gefangen. Die Eier legen aber die Weibchen und die können bis zu 10 km weit fliegen.

2 Großer Kohlweißling Die zweite Faltergeneration fliegt im Juli und legt ihre Eier an die Kohlgewächse ab. Die jungen Raupen fressen an Kohl, Kohlrabi, Brokkoli etc. Im Herbst spinnen sich die Raupen zur Verpuppung bevorzugt auf holzigem Untergrund fest, wo sie über den Winter ausharren.

Nützlinge: Schlupfwespe, Laufkäfer, Vögel.

Abwehr: Ab Juni die auffälligen Eigelege an den Blattunterseiten suchen und zerdrücken bzw. die Räupchen sammeln, bevor sie sich auf andere Blätter verteilen.

3 Kohlfliege, Rettichfliege Die zweite und dritte Generation der Kohl- oder Rettichfliege fliegt von Juli bis September und befällt Sommer- und Herbstrettiche stark (auch Radieschen). Besonders gefährdet sind Blumenkohl und später Rosenkohl.

Nützlinge: Raubwanzen, Schlupfwespen, Kurzflügler, Spinnen.

Abwehr: Die mehrfach erwähnten Kultur-Schutznetze haben sich bewährt, mit denen man vor der Eiablage - am besten nach dem Pflanzen - die Beete abdeckt und diese bis kurz vor der Ernte belässt.

4 Drahtwurm Der Drahtwurm ist die Larve des Schnellkäfers. Er tritt eigentlich nur in dicht bewachsenen Flächen auf, z.B. im Grünland. Wird solch eine Fläche für den (Gemüse-)Anbau umgebrochen, kann es durch die im Boden verbliebenen Drahtwürmer zu Schäden kommen. Diese Käferlarven schlüpfen im Juli/August aus den Eiern und fressen an den zarten Wurzeln verschiedener (Gemüse-)Pflanzen. Die geschädigten Pflanzen kippen einfach um oder bleiben zurück. Man findet den Drahtwurm nur schwer. Die Entwicklung bis zum Käfer dauert drei bis fünf Jahre. Sie bevorzugen lockeren, vor allem trockenen Boden. Besonders bedroht sind Möhren, Salatarten und Kartoffeln.

Nützlinge: Schlupfwespen, Laufkäfer, Nematoden, Ameisen, Maulwurfsgrille, Eidechsen, Igel.

Abwehr: Um die Larven überhaupt entdecken zu können, muss man sie erst mit Kartoffelscheiben, Rüben, Fallobst oder dergleichen anlocken. Die Methode, die Larven mit Fangpflanzen oder Ködern anzulocken und abzusammeln, reicht für eine Abwehr selten aus. Häufige Bodenbearbeitung (z.B. Hacken) oder die Beete häufig wässern (die Drahtwürmer fliehen vor dem Wasser) ist nicht immer praktikabel. Fazit: Bei starkem Besatz muss vorübergehend auf den Anbau oder auf die gefährdete Gemüseart verzichtet werden.

Bild 1: Der »Wurm« in der Zwetschge ist eine rosa Pflaumenwicklerraupe.

Bild 2: Je älter die Kohlweißlingsraupen sind, desto größer ist der Fraßschaden.

Bild 3: So sehen die frisch geschlüpften Maden der Kohlfliege aus.

Bild 4: Ein Drahtwurm schlüpft hier gerade aus einem ausgelegten Kartoffelstück heraus.

1

2

3

4

1 2 Blutlaus Die Blutlaus verursacht im August durch das Saugen an noch nicht verholzten Jungtrieben beulenartige Schwellungen. Gleichzeitig zeigen sich dort vermehrt die watteähnlichen Tupfer. Nur hohe Sommertemperaturen (> 25 °C) können sie in ihrer Entwicklung hemmen.
Nützlinge: Marienkäfer, Ohrwürmer, Florfliegen, Schwebfliegen, Raubwanzen, Blutlauszehrwespe, Spinnen.
Abwehr: Bei Bedarf die Kolonien abbürsten, befallene Jungtriebe aus- bzw. zurückschneiden oder sie mit scharfem Wasserstrahl abspülen.

3 Blattläuse haben im Sommer noch einmal Hochkonjunktur und befallen die »Johannitriebe«, wie die zweite Wachstumsphase bei den Pflanzen genannt wird. Viele geflügelte Exemplare (Bild S. 113/2) in einer Blattlauskolonie deuten zwar den nahen Abflug und die Gründung neuer Kolonien an, doch vermehren sich die verbliebenen ungeflügelten auch noch weiter.
Durch die Saugtätigkeit der Mehligen Apfelblattlaus an den Blättern entstehen Blattrollungen, spiralig gedrehte Neutriebe und verkrüppelte Äpfel (»Blattlausäpfel«). Obwohl die Blattlaus bereits im Juni auf ihre Sommerwirtspflanze (*Plantago* sp.) abwandert ist, bleibt der Schaden bis zur Ernte sichtbar.
Die Grüne Apfelblattlaus saugt dagegen hauptsächlich an den noch grünen Spitzen der Einjahrstriebe, doch rollen sich dadurch lediglich die Blätter etwas ein.
Nützlinge: Marienkäfer, Schwebfliegen, Raubwanzen, Schlupfwespen, Kurzflügler, Weichkäfer, Ohrwürmer, Florfliegen, Gallmücken, Spinnen, insektenpathogene Pilze.
Abwehr: Bei der Mehligen Apfelblattlaus macht eine Abwehr keinen Sinn mehr, da sie seit Juni abgewandert ist. Bei der Grünen Apfelblattlaus dagegen werden die Kolonien an den Jungtrieben ständig weiter ausgebaut. Sie muss weiter beobachtet werden. Gegebenenfalls zerdrückt man sie von Hand zwischen den Blättern oder schneidet die Triebspitzen ab. Auch wiederholtes Abspritzen der Befallstellen mit einem scharfen Wasserstrahl bringt Linderung auch in höheren Baumregionen. Da hilft der Abspüleffekt: Nur 30 Prozent kehren auf die Pflanzen zurück, 70 Prozent bleiben weg!

4 Schnecken Durch Schnecken verursachte Schäden werden in diesen Wochen, besonders bei feuchtwarmem Wetter sehr »schmerzlich« sichtbar.
Nützlinge: Laufkäfer, Kurzflügler, Weichkäfer, Igel, Spitzmäuse, Hühner, verschiedene Vogelarten.
Abwehr: Jetzt hilft nur noch der persönliche Einsatz durch Absammeln. Ausgelegte feuchte Lumpen oder alte Holzbrettchen können dazu als Lockmittel dienen und den Erfolg erhöhen. Nur in der Frühe gießen! Sonst werden die Schnecken noch gefördert.

Allgemeine Abwehrmaßnahmen in dieser Zeit:
Durch Schnittmaßnahmen zum richtigen Zeitpunkt wird das Wachstum der Pflanzen dirigiert (Juni bis August). Die Fruchtqualität wird durch die »Fruchtausdünnung« ab Juli verbessert.

Bild 1: Wo Blutlauskolonien sich einmal festgesetzt haben, so wie hier an den Stockausschlägen (Wurzelschosser) eines Apfelbaumes, entstehen bald die beulenartigen Wucherungen, die zum Absterben führen können, dann spricht man von »Blutlauskrebs«.

Bild 2: Eine Blutlauskolonie hat sich am Kambiumring der Schnittstelle dieses Apfelzweiges neu angesiedelt. Mit der Zeit schwillt auch hier der Blattlauskrebs beulenartig an.

Bild 3: Durch Saugschäden der Mehligen Apfelblattlaus deformierte Äpfel sind nicht mehr verwertbar.

Bild 4: Nacktschnecken können im Sommer täglich die Hälfte ihres Gewichtes an Nahrung aufnehmen!

1

2

3

4

Im Herbst (September – Oktober)

Hinweise zur Beobachtung: Viele Insekten sind in ihrer Entwicklung nicht nur von der Temperatur abhängig, sondern auch von der Zahl der Sonnenstunden pro Tag bzw. der Tageslänge. Parallel dazu reduzieren sich die Nährstoffe in den Pflanzensäften, von denen sie leben. Wird eine bestimmte Grenze unterschritten, bringt ein Insekt keine weitere Generation mehr hervor, sondern zieht sich in die Winterruhe zurück. Dieser Prozess beginnt ab Mitte August und zeigt sich vermehrt im September.

1 Apfelwickler Ist die Raupe des Apfelwicklers bis etwa Mitte August noch nicht ausgewachsen, so spinnt sie sich aufgrund des schwindenden Nährstoffgehaltes im Apfel (wegen der abnehmenden Tageslänge) in Stammnähe in die Erde oder in die Rinde zur Überwinterung in einen festen Kokon ein (siehe Seite 79/1).
Nützlinge: Schlupfwespen, Laufkäfer, Raubwanzen, Viren.
Abwehr: In dieser Zeit nicht mehr sinnvoll.

2 Apfelschalenwickler Auch die Raupe des Apfelschalenwicklers, die an vielen Bäumen und Sträuchern schädlich wird - nicht nur am Apfel - entwickelt sich ab Mitte August nur noch bis zum zweiten (von insgesamt vier) Larvenstadium und spinnt sich als winziges Räupchen an den Knospen für die Überwinterung ein. Bis dahin verursacht die Raupe an den Früchten einen zwar weniger augenscheinlichen, aber nicht weniger schädlichen »Naschfraß«. Sie frisst kleine Löcher in der Schale, die schnell faulen. Zum Schutz und zur Tarnung wird das nächstbeste Blatt an die Frucht angesponnen, um darunter ungestört fressen zu können.
Nützlinge: Raubwanzen, Schlupfwespen, Laufkäfer, Bakterien, Viren.
Abwehr: Raupen unter den zusammengesponnenen Blättern suchen und zerdrücken.

3 Eulenfalter, Erdraupen Beim Umgraben im Gemüsebeet kann man die schmutzig grauen Raupen oder auch die braunen Puppen, die im Boden überwintern, entdecken.
Nützlinge: Laufkäfer, Kurzflügler, Weichkäfer, Schlupfwespen.
Abwehr: Raupen und Puppen absammeln.

Dickmaulrüssler Die Larven schlüpfen im August aus den Eiern und fressen im September unter den Wurzeln, wo sie gut geschützt sind.
Nützlinge: Nematoden, insektenpathogene Pilze.
Abwehr: Ende August bis Anfang September ist ein geeigneter Zeitpunkt für den Einsatz von gezüchteten HM-Nematoden (s. S. 70 und 112), solange die Bodentemperatur noch über 12 °C liegt.

4 Gespinstmotte Motten schwärmen aus und legen im Herbst ihre Eier. Sie werden unter einem chitinartigen Schutzschild versteckt. Die winzigen Raupen schlüpfen noch vor dem Winter und überwintern unter diesem Schild.
Nützlinge: Schlupfwespen, Raubwanzen, Raupenfliegen, insektenpathogene Pilze.
Abwehr: In dieser Zeit nicht sinnvoll.

Bild 1: Die Pheromonfalle wird auf Augenhöhe in den Baum gehängt und lockt mit dem Duftstoff (z. B. des Apfelwicklers) das passende Faltermännchen an, das dort kleben bleibt. Die Falle wird Mitte Mai zur Flugbeobachtung aufgehängt und im September wieder abgenommen.

Bild 2: Die Räupchen des Apfelschalenwicklers (4 mm) fressen im Herbst kaum erkennbare, winzige Löcher in die Schale, durch die dann Fäulnis- und Schimmelpilze eindringen können.

Bild 3: Eine Kohleulenraupe frisst sich am Blumenkohl satt.

Bild 4: Ab August schwärmen die Falter der Gespinstmotten aus und legen ein bis zwei Wochen später ihre Eier ab.

1

2

3

4

1 2 Wespen Beschädigte Früchte locken mit ihrem Duft die gefräßigen Wespen an. Sie sind zwar selten Urheber des Schadens, vergrößern ihn aber, nachdem z. B. Vögel oder Ameisen den Anfang gemacht haben. Wespen sind vorwiegend Insektenfresser, doch können sie dem Menschen durch ihre Vorliebe für Süßigkeiten gefährlich werden.
Nützlinge: Kurzflügler, Spitzmaus, Vögel.
Abwehr: Nur wenn sie sehr lästig sind, kann man zur Gegenwehr greifen.

3 Blattläuse Im Herbst entsteht bei vielen der Blattlausarten neben den geflügelten Weibchen auch eine geflügelte Männchen-Generation zur Begattung. Die befruchteten Weibchen legen die Eier ab, aus denen im Frühjahr des nächsten Jahres die mehrfach beschriebenen Stammmütter schlüpfen.
Nützlinge: Blattläuse haben gegen Ende der Saison so viele natürliche Gegenspieler, dass sich eine Bekämpfung erübrigt.
Abwehr: Für diese Zeit gibt es keine Empfehlung mehr, da Blattläuse nur in Ausnahmefällen von Hand oder mit dem Wasserstrahl bekämpft werden müssen. Zu diesem Zeitpunkt erübrigt sich wegen des bereits entstandenen Schadens eine Bekämpfung meist ohnehin.

4 Blutlaus Blutlauskolonien werden im Herbst so stark von der Blutlauszehrwespe bestiftet, dass diese nur in Ausnahmefällen bekämpft werden müssen.
Nützlinge: Blutlauszehrwespe, Marienkäferlarven.
Abwehr: In dieser Zeit nicht sinnvoll.

Spinnmilben Im Herbst erfolgt die Ablage der Wintereier. Bei warmer, trockener Witterung kann jedoch schon jetzt ein Teil der Milben aus den Wintereiern schlüpfen und noch einmal einen Befallsschub verursachen.
Nützlinge: Marienkäfer, Florfliegen, Raubwanzen, Schlupfwespen, Raubmilben.
Abwehr: In dieser Zeit nicht sinnvoll, Situation aber beobachten.

Allgemeine Maßnahmen in dieser Zeit: Ernterückstände verarbeiten (umgraben, unterpflügen oder auf den Kompost werfen). »Fruchtmumien« als Winterbrücken einiger Pilzkrankheiten beseitigen. Auch das abgefallene Laub dient vielen Schadorganismen als Winterquartier (freilich auch einigen Nützlingen). Steinobst sollte möglichst nach der Ernte zurückgeschnitten werden; dadurch werden die Bäume zu neuem Triebwachstum angeregt. Werden größere Schnittmaßnahmen erforderlich, wird im August/September geschnitten und so dem Gummifluss (Harzfluss, Bluten) vorgebeugt, da sich zu dieser Jahreszeit die Wunde schneller schließt. Standort- und bodenverbessernde Maßnahmen: Auslichten, Bodenbearbeitung (lockern, lüften). Bäume und Sträucher sollten auch von kranken oder geschädigten Teilen befreit werden.

Bild 1: Wespen können durch ihre Naschlust ziemlich lästig werden. Von dem Apfel im Bild ist nur noch das Kernhaus und die Schale übrig geblieben.

Bild 2: Wespen sind aber auch äußerst eifrige Insektenräuber, die nicht nur sich, sondern vor allem auch ihre Brut damit ernähren. Die Wespe im Bild frisst gerade eine Blattwespenlarve.

Bild 3: Einmal im Jahr (im Herbst) entsteht bei verschiedenen Blattlaus-Arten eine Generation Männchen, welche die Weibchen befruchten. Diese legen daraufhin die Wintereier ab, aus denen im Frühjahr die Stammmütter schlüpfen.

Bild 4: Eine Blutlauskolonie, in der einzelne Läuse mit dem Ausschlupfloch (s. Kreis) der Zehrwespe (einer Schlupfwespe) zu erkennen sind.

1

2

3

4

Adressen, die Ihnen weiterhelfen

Käufliche Nützlinge erhalten Sie u. a. bei folgenden Anbietern:

Agrinova
Biologische Präparate
Mühlheimer Hauptstr. 13
67283 Obrigheim/Mühlheim
Tel.: 0 63 59 / 96 81 0
www.agrinova.de

AMW Nützlinge
Außerhalb 54
64319 Pfungstadt
Tel.: 0 61 57 / 99 05 95
www.amwnuetzlinge.de

ARIES Umweltprodukte
Stapeler Dorfstr. 23
27367 Horstedt
Tel.: 0 42 88 / 93 01 0
www.aries-online.de

Biocare
Gesellschaft für biologische Schutzmittel
Dorfstr. 4
37574 Einbeck
Tel.: 0 55 61 / 97 11 40
www.biocare-web.de

Biologische Beratung (Blp)
Storkower Str. 55
10409 Berlin
Tel.: 0 30 / 42 80 08 40
www.biologische-beratung.de

e-nema
Gesellschaft für Biotechnologie und biologischen Pflanzenschutz
Klausdorfer Str. 28-36
24223 Schwentinental
Tel.: 0 43 07 / 82 95 0
www.e-nema.de

Katz Biotech
An der Birkenpfuhlheide 10
15837 Baruth
Tel.: 0 33 70 4 / 67 51 0
www.katzbiotech.de

W. Neudorff
Abt. Nutzorganismen
Postfach 1209
31857 Emmerthal
Tel.: 0 18 0 / 56 38 36 7
www.neudorff.de

ÖRE Bio-Protect
Neuwührener Weg 26
24223 Raisdorf
Tel.: 0 43 07 / 50 16
www.nuetzlingsberater.de

re-natur
Hof Aqua Terra
Charles-Roß-Weg 24
24601 Ruhwinkel
Tel.: 0 43 23 / 90 10 0
www.re-natur.de

Sautter und Stepper
Biologischer Pflanzenschutz
Rosenstr. 19
72119 Ammerbuch
Tel.: 0 70 32 / 95 78 30
www.nuetzlinge.de

STB Control
Biologischer Pflanzenschutz
Triebweg 2
65326 Aarbergen
Tel.: 0 61 20 / 90 08 70
www.stb-control.de

Hatto & Patrick Welte
Gartenbau
Maurershorn 18 B
78479 Insel Reichenau
Tel.: 0 75 34 / 71 90
www.welte-nuetzlinge.de

Wilhelm
Biologischer Pflanzenschutz
Neue Heimat 25
74343 Sachsenheim
Tel.: 0 70 46 / 23 86
www.wilhelm-bio-pflanzenschutz.de

Belgien

Biobest Biological Systems
Ilse Velden 18
BE - 2260 Westerlo
Tel.: (+32) 0 14 / 25 79 80
www.biobest.be

Niederlande

ENTOCARE
biological crop protection
Haagsteeg 4
NL - 6708 PM Wageningen
Tel.: (+31) 0 31 / 74 11 18 8
www.entocare.nl

Koppert B.V. Nederland
Veilingweg 17
Postbus 155
NL - 2650 AD Berkel en Rodenrijs
Tel.: (+31) 0 10 / 51 40 44 4
www.koppert.nl

Österreich

Biohelp/oge
Kapleigasse 16
A - 1110 Wien
Tel. (+43) 0 76 / 99 76 9
www.biohelp.at

Schweiz

Andermatt Biocontrol
Strahlermatten 6
CH - 6146 Grossdietwil
Tel.: (+41) 0 62 / 91 75 05
www.biocontrol.ch

Bodenuntersuchungen

Auskunft über Institutionen in Ihrer Nähe erteilt:
VDLUFA
c/o LUFA Speyer
Obere Langgasse 40
67346 Speyer
Tel.: 0 62 32 / 13 61 21
www.VDLUFA.de

Stichwortverzeichnis

Seitenzahlen mit * verweisen auf Abbildungen

Über den Autor

Rainer Berling ist Gartenbau-Diplomingenieur und war bis 2004 als Fachberater für Pflanzenschutz im Erwerbsobstbau an der Bayerischen Landesanstalt für Landwirtschaft in Freising-Weihenstephan tätig. Während seiner beruflichen Tätigkeit beschäftigte er sich vorwiegend mit der Umsetzung neuer Pflanzenschutzmethoden in die Praxis, insbesondere mit dem Integrierten Pflanzenbau. Schadorganismen werden dabei durch den Einsatz natürlicher, biotechnologischer Maßnahmen zurückgedrängt, ohne dass das Ökosystem gestört wird. Dieses System überträgt er seit vielen Jahren auch in den Freizeitgartenbau und bietet Hilfestellungen zur Bestimmung von Krankheiten und Schädlingen an.

Bildnachweis:

Alle Bilder von R. Berling, außer:

Angermayer/Pfletschinger: 4m, 17o, 21o, 27o, 27m, 31m, 93mo, 93u, 101or, 109ol, 109or, 117or
Baumjohann: 61u, 71o, 75m, 97ml, 103mr, 105ol, 111ml, 111ur, 113or, 113ml, 117ur, 119ur
Blickwinkel/M.Bussmann:73o
Blickwinkel/S.Gerth: 47o
Blickwinkel/E. Menz: 49o
Borstell: 75o
Cattlin Nigel/FLPA: 63o
Cattlin Nigel/FLPA: 63u
Forschungsanstalt Agroscope Changins-Wädenswil ACW: 79o
Haselböck: 42m
Hecker: 103ol
Henseler: 5u, 59o, 95ol, 97ur, 99or, 123ul
Holopainen: 83m
König: 17m, 23o, 117ul, 117ur
Kretschmer: 27u, 29u, 69m, 95ul, 97ml, 105ol/Einkl.
Neudorff: 39o, 5o, 61o
Pforr: 21u, 23m, 25m, 47u, 49m, 93mu, 95ml, 95ur, 103ml, 105mr, 107ml, 107ur, 109ur, 113u, 115mr, 117ol, 121u
Redeleit: 105ul, 105ur
Reinhard: 45o, 45m, 45u, 47m
Reithmeier: 101mr, 121m
Riehl: 95mr, 111ol, 111mr, 115u
Sansoni: 83o
Sauer/Hecker: 23u, 33
Schlüter: 101ul, 103ul, 105ml, 111ul
Schrameyer: 63m
www.e-nema.de: 73u
www.katzbiotech.de: 69u
www.LTZ-Augustenberg.de: 59u
Wyss: 37u, 67o, 67m, 67u, 69o
Zunke: 65m

Grafiken:

R. Berling: 7, 53
G. Rosin: 77

Bibliographische Information
der Deutschen Nationalbibliothek

Die Deutsche Nationalbibliothek verzeichnet diese Publikation in der Deutschen Nationalbibliografie; detaillierte bibliografische Daten sind im Internet über http://dnb.d-nb.de abrufbar.

Völlig überarbeitete und erweiterte Neuausgabe des Titels »Pflanzenschutz-Praxis«

BLV Buchverlag GmbH & Co. KG
80797 München

Umschlagabbildungen: Blickwinkel/J. Meul van Cauteren (Vorderseite); Gebhardt H./Flora

Lektorat: Dr. Thomas Hagen
Redaktion: Ute Bauer

Herstellung: Hermann Maxant

Satz: Uhl+Massopust, Aalen

Gedruckt auf chlorfrei gebleichtem Papier

Printed in Germany
ISBN 978-3-8354-0654-4